Schnelle Rührkuchen

Omas Klassiker neu genießen

EDITION XXL

Inhaltsverzeichnis

Vorwort

Wenn plötzlich Besuch vor der Tür steht, wenn Sie selbst spontan Lust auf Kuchen haben oder zum Backen nicht viel Zeit zur Verfügung steht: Ein Rührkuchen ist schnell und einfach herzustellen und man kann ihn mit verschiedenen Zutaten wie Rosinen, Schokoladenstückchen, Nüssen oder Beeren auf vielfältige Weise verfeinern und abwandeln.

Ein Rührteig besteht hauptsächlich aus den folgenden Zutaten: Fett (meistens Butter oder Margarine, manchmal auch Öl), Zucker, Eier und Mehl; oft wird noch Backpulver hinzugefügt. Die Garantie für ein sicheres Gelingen ist sorgfältiges und langes Rühren! Nur so kann ein leichter und lockerer Kuchenteig entstehen.

Bei der Reihenfolge der Verarbeitung der Zutaten gibt es verschiedene Möglichkeiten – je nachdem, welche Beschaffenheit der Kuchen haben soll. Einen besonders luftigen und lockeren Kuchen erhält man, wenn zunächst Eier bzw. Eigelb und Zucker miteinander verrührt werden und dann das Fett dazugegeben wird. Zum Schluss wird das gegebenenfalls mit Backpulver vermischte Mehl darübergesiebt und untergerührt. Bei der Reihenfolge der Zugabe von zuerst Fett und Zucker, dann Eiern bzw. Eigelb und schließlich Mehl entsteht ein feinporiger Kuchen von zarter Konsistenz. Wenn man die Eier trennt, das Eiweiß steif schlägt und zum Schluss unterhebt, entsteht ein sehr lockerer Kuchen. Werden alle Zutaten gleichzeitig verrührt („All-in-Kuchen"), entsteht ein saftiger und fester Kuchen.

Welches Fett gewählt wird, ist Ansichtssache. Manche schwören auf Butter, andere auf Margarine. Allerdings gibt es auch Rezepte, in denen die Herstellung von ausgesprochen flüssigen Teigen beschrieben wird. Hier ist das Fett der Wahl dann ein Speiseöl. Damit wird der Kuchen sehr saftig.

Wie auch immer Sie vorgehen – ich wünsche gutes Gelingen und gesellige Momente beim gemeinsamen Kuchengenuss!

Ihre *Elisabeth Bangert*

Rührkuchen sind kinderleicht zuzubereiten. So kann die ganze Familie beim Backen miteinbezogen werden.

Allgemeine Hinweise

Damit Ihr Kuchen nach Ihren Vorstellungen gelingt, schmeckt und aussieht, sollten Sie einige Dinge beachten:

Tipp 1: *Vorbereitung*

Vor der Zubereitung, am besten schon vor dem Einkaufen, sollten Sie sich das Rezept genau durchlesen. Dann können Sie sicher sein, dass Sie auch alle Zutaten zur Hand haben. Außerdem ist es sinnvoll, wenn Sie die Zutaten bereits abmessen oder abwiegen sowie die nötigen Backhelfer und Küchengeräte bereitstellen.

Tipp 2: *Mengenangaben*

Um für Ihre Zutaten das richtige Maß zu finden, können Sie sich an den Mengenangaben (Gewichts-, Flüssigkeits- und Löffelmengen) auf Seite 9 orientieren.

Tipp 3: *Backtemperatur und Backzeit*

Die angegebenen Backzeiten sind als grobe Richtwerte zu verstehen, die den individuellen Backeigenschaften Ihres Backofens angepasst werden müssen. Genau genommen ist jeder Backofen ein Unikat. Selbst zwei gleiche Backöfen aus derselben Baureihe eines Herstellers können unterschiedliche Backeigenschaften haben. Ein Backofen kann eine stärkere Oberhitze, der andere eine stärkere Unterhitze haben; ein Umluftherd kann an bestimmten Stellen des Ofens heißer werden als an anderen. Mit der Zeit lernt man seinen Backofen jedoch kennen und weiß dann, wie er einzustellen ist. Die Temperaturangaben in diesem Buch gelten für Elektrobacköfen. Es ist empfehlenswert, den Backofen grundsätzlich vorzuheizen und den Kuchen erst dann in den Ofen zu schieben, wenn er die angegebene Temperatur erreicht hat.

Den genauen Garzeitpunkt erkennen Sie durch die Garprobe, die Sie kurz vor Ablauf der angegebenen Backzeit durchführen.

Bei einigen Backöfen lässt sich die Ober- und die Unterhitze separat einstellen. Sollte Ihr Backofen nicht regulierbar sein und eine zu starke Obertemperatur erzeugen, können Sie sich gegen Ende der Backzeit mit einem Stück Alufolie behelfen. Das Papier wird einfach auf den Kuchen gelegt, damit er nicht zu dunkel wird. Danach wird der Kuchen regulär zu Ende gebacken.

Öffnen Sie die Backofentür nicht allzu häufig, möglichst erst gegen Ende der Backzeit, damit der Kuchen nicht zusammenfällt.

Stechen Sie mit dem Stäbchen tief in den Teig, um sicherzugehen, dass er auch in der Mitte gut durchgebacken ist.

Tipp 4: *Garprobe*

Stechen Sie am Ende der angegebenen Backzeit mit einem Holzstäbchen an der dicksten Stelle des Kuchens in den Teig und ziehen Sie es wieder heraus. Klebt noch Teig am Holzstäbchen, ist der Kuchen noch nicht gar. Ist das Holzstäbchen trocken, ist die Garzeit abgeschlossen und Sie können den Kuchen aus dem Ofen nehmen.

Tipp 5: *Backformen*

Achten Sie beim Kauf von Backformen auf eine gute Qualität. Was macht eine gute Backform überhaupt aus?

- ❧ Eine hochwertige Antihaftbeschichtung ermöglicht das leichte Lösen des Backguts, verbessert die Bräunung und lässt sich leicht reinigen.
- ❧ Ein auslaufsicherer Boden sorgt dafür, dass der Backofen nicht durch auslaufendes Fett verschmutzt wird.
- ❧ Feinblech garantiert eine gute Wärmeleitung, hohe Stabilität und eine lange Lebensdauer. Achten Sie auf eine schwere Qualität – diese macht die Backform unempfindlicher gegen Hitze und verlängert deren Lebensdauer.
- ❧ Glas, Keramik, Gusseisen o. Ä. haben in der Küche schon lange ihren Platz. Zu beachten sind hierbei das hohe Gewicht und dass die Form im Backofen sehr heiß wird.
- ❧ Silikon besticht zunächst durch eine große Formen- und Farbenvielfalt. Das Backgut lässt sich aber immer leicht aus der Form lösen und die Form kann gut gereinigt werden.

Aus einer Springform lässt sich der Kuchen besonders leicht lösen. Im Handel sind Springformen-Sets mit verschiedenen Einsätzen (flacher Einsatz und Kranzeinsatz) erhältlich.

Für die Kuchen im vorliegenden Buch benötigt man folgende handelsübliche Backformen:

- ❧ Backblech (ca. 40 × 30 cm), auch mit hohem Rand
- ❧ Gugelhupfform (ø 22 cm)
- ❧ Kranzform (ø 22 cm)
- ❧ Kastenform (20 cm, 25 cm, 30 cm)
- ❧ Springform (ø 22 cm, 24 cm, 26 cm)

Silikonbackformen sind in vielen fantasievollen Ausführungen erhältlich. Auch Kuchen mit feinen Details lassen sich leicht herauslösen.

Backzutaten

Lagern Sie Ihre Backzutaten nicht zu lange, sondern verwenden Sie stets frische Lebensmittel! Das garantiert gutes Gelingen und sorgt für einen aromatischen Geschmack.

Die verschiedenen Mehlsorten

Weizenmehl Type 405

Die hellste Mehlsorte für alle Teigwaren. Beim Mahlen dieses Mehls werden alle äußeren Schichten des Weizenkorns entfernt. Es hat einen hohen Stärke- und Eiweißgehalt und verfügt über geringe Mengen Ballaststoffe und Mineralstoffe. Es hat nur wenige Geschmacksstoffe und ist daher nahezu geschmacksneutral. Empfohlen wird es für Torten, Kuchen und Plätzchen. Falls nicht anders erwähnt, sollte in den Rezepten stets Weizenmehl Type 405 verwendet werden.

Weizenmehl Type 550

Dieses Mehl wird empfohlen zur Herstellung von Hefeteig, insbesondere für Brötchen und Weißbrot. Es eignet sich auch zum Backen von Kuchen und anderen süßen Backwaren.

Weizenmehl Type 1050

Dieses etwas dunklere Mehl eignet sich gut zum Backen von Brot und anderem eher herzhaftem Gebäck. Im Vergleich zum Standardhaushaltsmehl Type 405 enthält es mehr Mineralstoffe.

Weizenvollkornmehl

Weizenvollkornmehl wird mit der Schale und dem Keim vermahlen. So verbleiben zahlreiche Vitamine, Mineralstoffe und Ballaststoffe im Mehl, die in der Schale enthalten sind. Es verfügt über einen vollen Geschmack und ist vor allem für Brot und Brötchen geeignet.

Dinkelmehl und Dinkelvollkornmehl

Der Dinkel ist eine sehr alte Weizenart. Er liefert ein Mehl mit guten Backeigenschaften, ähnlich dem Weizenmehl. Im Hinblick auf Nähr- und Mineralstoffe ist Dinkelmehl dem Weizenmehl überlegen, sowohl als Vollkornmehl sowie auch als helleres Mehl.

Roggenmehl Type 1150

Dieses Mehl ist dunkel und würzig. Es wird hauptsächlich für die Brot- und Brötchenherstellung verwendet.

Roggenbackschrot Type 1800 und Roggenvollkornmehl

Beide Mehlsorten werden aus dem ganzen Korn gemahlen. Beim Roggenbackschrot wird der Keimling jedoch entfernt. Verwendet werden diese Mehle zum Backen von deftigen und eher dunkleren Brotspezialitäten.

Vollkornmehle

Vollkornmehle sind nicht beliebig einsetzbar. Für feinen Kuchen sind sie nicht geeignet. Andererseits kann Vollkornmehl auch nicht ohne Weiteres durch Weißmehl ersetzt werden. Vollkornmehle benötigen mehr Flüssigkeit. Bei einfachem Austausch der Mehle wird der Kuchen meist trockener, fester und schmeckt nicht so süßlich.

> ### Tipp
>
> Bei Glutenunverträglichkeit kann inzwischen auf glutenfreie Mehlsorten zurückgegriffen werden. *Aurora* z. B. bietet sowohl für süße als auch für herzhafte Backwaren glutenfreie Mehlmischungen an, die wie gewöhnliches Mehl nach Rezeptanweisung verarbeitet werden.

Weitere Zutaten

Butter, Margarine und Speiseöl

Meistens wird zum Backen Butter oder Margarine verwendet. Speiseöl kommt nur selten zum Einsatz, ist zur Herstellung von besonders saftigen Kuchen aber empfehlenswert. Bei den meisten Rezepten in diesem Buch bleibt es Ihnen überlassen, ob Sie sich für Butter oder Margarine entscheiden. Da Butter bei niedrigen Temperaturen fest wird, sollte sie rechtzeitig vor Backbeginn aus dem Kühlschrank genommen werden.

Zur Herstellung von Quark-Öl-Teigen oder „All-in-Teigen" eignet sich am besten ein Sonnenblumen- oder Maiskeimöl. Diese Öle sind geschmacksneutral und beeinflussen den Geschmack der Backwaren nicht.

Zucker

Weißer Zucker: Hierbei handelt es sich um raffinierten Zucker, der aus Zuckerrüben gewonnen wird. Er wird am häufigsten verwendet. Aufgrund seiner Feinkörnigkeit ist er vielseitig einsetzbar. Er eignet sich gut für die Herstellung von feinen Backwaren und Süßspeisen.
Hagelzucker: Ein grober, weißer Zucker, der zum Bestreuen von Plätzchen und Kuchen Anwendung findet.
Puderzucker: Ein fein gemahlener Zucker, der vor Gebrauch gesiebt werden sollte.
Süßer Schnee: Ein Puderzucker aus feinem weißem Traubenzucker, der zum Bestäuben von Rührkuchen sehr gut geeignet ist.
Brauner Zucker: Damit werden Zucker von brauner Farbe bezeichnet, wie z. B. Kandisfarin und Rohrzucker. Kandisfarin entsteht bei der Herstellung

Süßer Schnee sorgt für eine haltbare Zuckerschicht, die auch nach mehreren Tagen nicht klebrig wird oder verläuft.

von Kandis. Es ist ein Zucker mit kleiner Kristallgröße, der für die Zubereitung von Lebkuchen- und Honigkuchenteigen verwendet wird. Rohrzucker wird aus Zuckerrohr gewonnen und schmeckt ganz leicht nach Karamell, weshalb er nicht für alle Backrezepte verwendet werden sollte.

Grümmel: Hierbei handelt es sich um grob zerstoßenen braunen Kandis. Er schmeckt aromatisch und findet bei der Herstellung von Lebkuchen, Honigkuchen und Printen Verwendung.

Eier

In Deutschland werden im Einzelhandel in der Regel nur Eier der Güteklasse A verkauft. Die Eier der Güteklassen B und C werden meistens industriell verarbeitet. Eier werden in 4 verschiedenen Gewichtsklassen angeboten. Für die Rezepte in diesem Buch verwenden Sie am besten Eier der Gewichtsklasse M.

Achten Sie auf das Legedatum oder die Mindesthaltbarkeit der Eier. Falls Sie sich nicht sicher sind, können Sie die Frische eines Eis überprüfen, indem Sie es in ein Glas Wasser legen. Ist es frisch,

Tipp

Um eventuell verdorbene Eier auszusortieren, sollten die Eier einzeln in einer Tasse aufgeschlagen werden. So können sie vor dem Vermischen mit den restlichen Zutaten genauer untersucht werden.

bleibt es am Boden liegen. Ist es schon älter, so richtet es sich im Wasser auf, da die Luftkammer am Boden des Eis mit zunehmendem Alter größer wird. Ein 2–3 Wochen altes Ei beginnt im Wasser zu schwimmen.

Backwerkzeuge

Küchenwaage: Zum Abwiegen der Zutaten besonders empfehlenswert ist eine digitale Küchenwaage. Damit lassen sich alle Zutaten ganz genau abwiegen, was beim Rührkuchen für ein gutes Gelingen sehr wichtig ist.

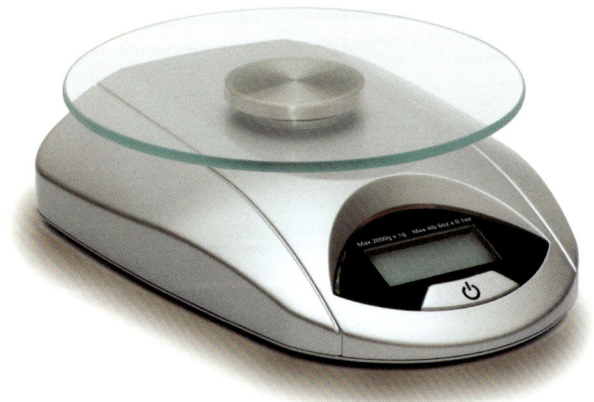

Die digitale Küchenwaage gibt Mengen grammgenau an.

Messbecher: Verschiedene Skalen ermöglichen genaues Abmessen von Flüssigkeitsmengen.
Rührlöffel: In verschiedenen Größen, am besten auch einer mit durchlochtem Blatt.

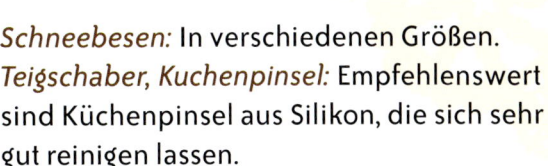

Schneebesen: In verschiedenen Größen.
Teigschaber, Kuchenpinsel: Empfehlenswert sind Küchenpinsel aus Silikon, die sich sehr gut reinigen lassen.
Feines Metallsieb: Zum Sieben von Mehl, Speisestärke und Puderzucker.

Rührschüsseln: Am besten sind Schüsseln aus Kunststoff. Sie sind rutschfest, leise und der abgerundete Boden bietet den richtigen Raum für das Rühren ohne Spritzen und ohne Anhaften des Teiges.
Rührgeräte: Wichtig ist die Leistung, damit der Rührteig luftig aufgeschlagen werden kann, und mehrere Leistungsstufen für langsames Anrühren.

Standrührgeräte bieten die höchste Leistung und sind am vielfältigsten einsetzbar.

Mengen und Gewichtsangaben

Löffelmengen (jeweils 1 gestrichener Löffel)

Lebensmittel	EL	TL	Lebensmittel	EL	TL
Backpulver	9 g	3 g	Margarine	10 g	4 g
Crème fraîche	10 g	5 g	Mehl	7 g	3 g
Gelatine, gemahlen	8 g	3 g	Puderzucker	4 g	2 g
			Reis	10 g	5 g
Grieß	8 g	3 g	Salz	13 g	5 g
Haferflocken	7 g	2 g	saure Sahne	10 g	6 g
Haselnusskerne, gem.	5 g	2 g	Schlagsahne	10 g	5 g
			Semmelbrösel	6 g	3 g
Honig	15 g	6 g	Speiseöl	10 g	4 g
Joghurt (3,5 % Fett)	10 g	6 g	Speisestärke	7 g	3 g
Kakaopulver	5 g	2 g	Zimt, gem.	4 g	2 g
Mandeln, gem.	5 g	3 g	Zucker	10 g	5 g

Flüssigkeitsmengen

1000 ml	=	1 l
750 ml	=	¾ l
500 ml	=	½ l
250 ml	=	¼ l
100 ml	=	etwa 8 EL
10 ml	=	1 cl
12 ml	=	1 EL

Gewichtsmengen

1000 g	=	1 kg
750 g	=	¾ kg
500 g	=	½ kg
250 g	=	¼ kg

Abkürzungen

kg	=	Kilogramm
g	=	Gramm
l	=	Liter
ml	=	Milliliter
cl	=	Zentiliter ($\frac{1}{100}$ l)
EL	=	Esslöffel
TL	=	Teelöffel

Grundrezept
Rührkuchen

In der Gugelhupfform
(ø 22 cm)

Zutaten für ca. 20 Stücke:

200 g weiche Butter oder Margarine
100 g Speiseöl
200 g Zucker
1 Päckchen Vanillezucker
1 Prise Salz
5 Eier (Größe M)
350 g Weizenmehl
1½ TL Backpulver

┈┈╌> Zum Einfetten: Butter oder Margarine,
Weizenmehl

1. Die Form vorbereiten: einfetten und mit Mehl ausstreuen. Den Backofen auf 180 °C (Umluft 160 °C) vorheizen.

2. Die Margarine oder Butter mit den Rührbesen des Handrührgerätes geschmeidig rühren. Zucker und Vanillezucker vermischen und mit dem Salz nach und nach in das Fett einrühren. Die Eier nacheinander dazugeben und jeweils ca. 30 Sekunden auf höchster Stufe rühren.

3. Das Mehl mit dem Backpulver mischen und abwechselnd mit der Milch in 2 Portionen auf mittlerer Stufe unterrühren.

4. Den Teig in die Backform geben und glattstreichen. Die Form auf die Schiebeleiste im unteren Drittel des Backofens stellen. Den Kuchen ca. 60 Minuten backen. Nach ca. 15 Minuten den Kuchen mit einem spitzen Messer etwa 1 cm tief der Länge nach in der Mitte einschneiden.

5. Den Kuchen 10 Minuten in der Backform abkühlen lassen, dann herauslösen, auf einen Kuchenrost stürzen und abkühlen lassen.

Für die Kastenform
(25 cm)

Zutaten für ca. 15 Stücke:

200 g weiche Butter oder Margarine
50 g Speiseöl
150 g Zucker
1 Päckchen Vanillezucker
1 Prise Salz
4 Eier (Größe M)
300 g Weizenmehl
1½ TL Backpulver

┈┈╌> Zum Einfetten: Butter oder Margarine,
Weizenmehl

1 Rezept – 1000 Varianten

Diese beiden Grundrezepte lassen sich auf vielfältige Weise abwandeln: z. B. mit gehackten Nüssen, Schokolade, Trockenfrüchten, frischen Beeren und Früchten, kandierten Früchten etc. Hier sind Ihrer Fantasie keine Grenzen gesetzt. Diese Zutaten werden erst zum Schluss behutsam unter den fertigen Rührteig gehoben.

Auch durch die Behandlung der Kuchenoberfläche, z. B. mit Zuckerguss oder Kuvertüre, lässt sich ein Rezept variieren (siehe Seite 14).

Rührteig zubereiten – 10 Schritte zum perfekten Rührteig

Rührteig ist einfach und schnell zuzubereiten. Die dafür notwendigen Zutaten werden der Reihe nach in die Rührschüssel gegeben und verrührt. Wenn Sie die folgenden 10 Schritte genau beachten, werden Sie mit einem saftigen und lockeren Kuchen belohnt.

Schritt 1: *Vorbereiten der Backform*

Zum Einfetten der Backform eignet sich Margarine oder Butter. Streichen Sie das Fett mit einem Pinsel gleichmäßig in die Form.

Kasten- oder Gugelhupfformen sollten nach dem Einfetten zusätzlich mit Mehl, Semmelbröseln, gemahlenen Nüssen oder zarten Haferflocken ausgestreut werden, die durch Drehen und Klopfen gleichmäßig in der Form verteilt werden. Nicht haftengebliebene Reste sollten ausgeklopft werden.

Eine Kastenform kann eingefettet und zusätzlich mit Backpapier ausgelegt werden. So lässt sich der Kuchen besser aus der Form lösen. Zum genauen Anpassen des Backpapiers an die Form stellen Sie die Form auf das Papier und fahren erst den Boden mit einem Bleistift nach. Dann kippen Sie die Form nach allen Seiten und umreißen auch diese. Nach dem Ausschneiden legen Sie das Papier in die Form und knicken dabei die Bodenlinien.

Schritt 2: *Fett und Zucker verrühren*

Ob Sie Butter oder Margarine verwenden – das Fett muss weich und streichfähig sein, also weder zu flüssig noch zu fest. Daher sollten Sie es rechtzeitig aus dem Kühlschrank nehmen und eine Weile bei Zimmertemperatur liegen lassen. Mischen Sie Zucker und Vanillezucker. Feinkörniger Zucker ist zu bevorzugen, da er sich schneller und besser auflöst. Das Fett wird zusammen mit dem Zucker mit den Rührbesen des Handrührgerätes auf höchster Stufe gerührt, bis eine geschmeidige, homogene Masse entsteht, die nicht mehr knirscht.

Schritt 3: *Aromen hinzufügen*

Aromen im Glasfläschchen wie Rum-, Zitronen- oder Bittermandelaroma sind hervorragend dazu geeignet, dem Kuchen den entscheidenden Pfiff zu geben.

Schritt 4: *Eier hinzufügen*

Nachdem das Fett mit dem Zucker schaumig gerührt wurde, werden die Eier nach und nach dazugegeben. Schlagen Sie jedes Ei vorher in einer Tasse auf – nur so können Sie vermeiden, dass Eierschalen in den Kuchen gelangen und dabei gleichzeitig die Eier auf deren Frische überprüfen. Jedes Ei sollte einzeln ca. 30 Sekunden auf höchster Stufe unter den Teig gerührt werden, bevor das nächste Ei hinzugefügt wird. Sollten die Eier zu kalt sein, kann das Fett ein wenig ausflocken, was auf das Backergebnis jedoch keinerlei Auswirkungen hat.

Schritt 5: *Mehl und Backpulver sieben*

Bevor Mehl und Backpulver in den Teig kommen, müssen sie gut vermischt und gesiebt werden. Nur so kann Backpulver im gesamten Kuchenteig als Backtriebmittel wirken und Sie vermeiden Klumpen im Teig. Sollen noch Speisestärke oder Kakaopulver in den Teig, werden sie gleich mit vermischt, bevor alles untergerührt wird. Soll nur ein Teil des

Tipp

Backpulver beginnt sofort zu treiben, sobald es mit Feuchtigkeit in Berührung kommt. Es ist daher wichtig, das Backpulver mit dem Mehl erst gegen Ende der Teigzubereitung unterzurühren. Außerdem erhält man dadurch einen gleichmäßigen und locker gebackenen Teig. Es entstehen keine Luftlöcher oder Rührblasen.

Teiges mit Kakaopulver vermischt werden (wie z. B. beim Marmorkuchen), wird dies natürlich nachträglich und separat dazugegeben.

Schritt 6: *Mehl unterrühren*

Das Mehl sollte in mindestens zwei Portionen dazugegeben und untergerührt werden, abwechselnd mit der angegebenen Flüssigkeit. Dabei die Masse kurz auf der mittleren Stufe des Handrührgerätes rühren. Es sollte jeweils nur so viel Flüssigkeit dazugegeben werden, dass der Teig schwer vom Löffel fällt.

Falls Sie zu viel Flüssigkeit unterrühren, wird der Teig zu weich. Der Kuchen bekommt dann

„Klitschstreifen" und feste Zutaten, wie z. B. Rosinen, Schokolade oder Nüsse sinken zu Boden. Eine Ausnahme ist ein Teig, der wenig oder keine Flüssigkeit enthält. Er darf etwas weicher sein, da er während des Backvorgangs durch die Eier fester wird.

Schritt 7: *Restliche Zutaten hinzufügen*

Nachdem der Teig fertig gerührt wurde, können je nach Rezept Rosinen, Nüsse, Schokolade oder Früchte dazugegeben werden. Früchte aus dem Glas oder aus der Dose müssen vor der Zugabe zum Teig gut abgetropft sein. Dazu können die Früchte auf ein Stück Küchenkrepp gelegt werden, damit der überschüssige Saft aufgesaugt wird. Danach werden die Früchte oder andere feste Zutaten zügig mit einem Teigschaber unter den Teig gehoben. Sie können für diesen Arbeitsschritt auch das Handrührgerät verwenden, allerdings nur kurz und auf niedrigster Stufe, damit die Früchte nicht zerquetscht werden und ein unansehnlicher Teig entsteht. Wenn Sie die Früchte vor der Zugabe zum Teig in etwas Mehl wälzen, sinken sie beim Backen nicht zu Boden.

Schneiden Sie einen Napfkuchen an der Rissstelle rund ein.

Schritt 8: *Einfüllen des Teigs in die Form*

Der fertige Teig wird nun in die vorbereitete Form gefüllt. Verwenden Sie dafür am besten einen Teigschaber und streichen Sie den Teig damit glatt.
Die Form sollte nicht bis zum Rand, sondern nur bis zu zwei Dritteln gefüllt sein.

Schritt 9: *Backen*

Den Rührteig sofort nach der Fertigstellung backen. Nach etwa 15 Minuten Backzeit den Kuchen mit einem eingeölten Messer oder Teigschaber ca. einen Zentimeter tief einschneiden. Damit haben Sie die Kontrolle über die Stelle, an der der Kuchen einreißen wird. Bevor Sie den Kuchen nach der angegebenen Backzeit aus dem Backofen nehmen, sollten Sie die Garprobe durchführen. Stechen Sie dafür mit einem Holzstäbchen an der dicksten Stelle in den Kuchen und ziehen Sie es wieder heraus. Wenn das Holzstäbchen trocken ist und kein Teig mehr daran haftet, ist der Kuchen fertig.

Der gebackene Kuchen sollte nach dem Herausnehmen 10 Minuten in der Form abkühlen. Erst dann wird er zum Auskühlen auf ein Kuchengitter gestürzt. Böden, die in einer Obstbodenform gebacken wurden, können sofort gestürzt werden.

Schritt 10: *Wie bewahre ich meinen Kuchen auf?*

Wenn Sie den fertigen Rührkuchen in Alufolie einwickeln, können Sie ihn einige Tage aufbewahren. Sie können ihn auch einfrieren, sollten ihn dann aber in der Verpackung bei Zimmertemperatur auftauen lassen.
Kuchen mit Sahne, Quark oder anderen cremigen Belägen sollte im Kühlschrank gelagert und nach dem Einfrieren auch im Kühlschrank aufgetaut werden.

Was schief gehen könnte und wie es sich vermeiden lässt

„Klitschstreifen" im Rührkuchen

„Klitschstreifen" entstehen fast immer durch zu viel hinzugefügte Flüssigkeit, meistens Milch, im Rührteig. Daher sollte bei der Flüssigkeitszugabe darauf geachtet werden, dass der Teig die richtige Beschaffenheit erhält: Er sollte schwer reißend vom Löffel fallen. Auf keinen Fall darf der Teig fließen! Die Flüssigkeit am besten nach und nach zugeben.

Luftlöcher im Rührkuchen

Um unregelmäßig verteilte Luftlöcher im Rührkuchen zu vermeiden, sollte die Mehl-Backpulver-Mischung in 2 Portionen nur ganz kurz untergerührt werden.

Kuchendekorationen

Zuckerguss

200 g Puderzucker
2 – 3 EL Wasser oder eine andere Flüssigkeit

Den Puderzucker sieben und unter Rühren mit einem Schneebesen die Flüssigkeit langsam hinzufügen. So lange rühren, bis eine dickflüssige, homogene Masse entsteht. Die Masse auf den abgekühlten Kuchen streichen und vor dem Servieren des Kuchens noch etwas trocknen lassen. Der Zuckerguss sollte nicht zu flüssig werden, da er sonst in den Kuchen einzieht.

Der Puderzucker kann anstatt mit Wasser auch mit Zitronen-, Orangen- oder anderem Fruchtsaft (Kirsche, Himbeere, Holunder etc.) angerührt werden. Sollten Sie den Saft von unbehandelten Zitronen oder Orangen verwenden, können Sie ebenso etwas abgeriebene Schale hinzufügen. Grundsätzlich kann der Guss auch mit ein paar Tropfen Lebensmittelfarbe im gewünschten Farbton eingefärbt werden. Auch ein Sirup (z. B. Grenadine, Himbeer oder Waldmeister) ist zum Aromatisieren und leichten Einfärben von Zuckerguss denkbar. Als Flüssigkeiten zum Anrühren sind des Weiteren ebenso alkoholische Getränke wie Wein, Rum oder Likör geeignet. Auch mit Kaffee lässt sich ein feiner Zuckerguss herstellen.

Nach Belieben können Sie viele Rührkuchen mit einer Fruchtsoße servieren.

Waldbeeren-Fruchtsoße

500 g gemischte frische Beeren (z. B. Erdbeeren, Brombeeren, Johannisbeeren) verlesen, waschen und gegebenenfalls zerkleinern. Es kann auch eine tiefgekühlte Beerenmischung verwendet werden. Die Beeren in einem Topf mit wenig Wasser und 2 EL Zucker garen. Die Hälfte der Beeren mit dem Pürierstab zu einer Soße pürieren, nach Belieben noch etwas Wasser dazugeben und die andere Hälfte unterrühren. Den Kuchen in Stücke geschnitten auf Tellern anrichten und mit der Soße begießen.

Auch Kiwis sind zur Herstellung einer Fruchtsoße gut geeignet. Die Zuckermenge sollte auf die jeweilige Beeren- oder Früchteart abgestimmt werden.

Schlagsahne

Auch Schlagsahne ist zum Anrichten Ihres Rührkuchens gut geeignet. Mischen Sie den zugefügten Zucker mit einem Päckchen Vanillezucker. Das gibt der Schlagsahne ein angenehmes Vanillearoma.

Zuckerguss

Wenn Sie zum Verzieren Ihres Rührkuchens einen dickflüssigen Zuckerguss herstellen wollen, sollten Sie die Flüssigkeitsmenge (z. B. Wasser oder Zitronensaft) auf die verwendete Menge an Puderzucker abstimmen. Geben Sie dazu den gesiebten Puderzucker in eine kleine Schüssel und fügen Sie unter Rühren nach und nach, am besten teelöffelweise, die Flüssigkeit hinzu, bis der Guss die gewünschte Beschaffenheit hat.

Schokoladenglasur

Zur Herstellung von Schokoladenglasur kann Kuvertüre oder Blockschokolade verwendet werden. Bei Kuvertüre (von franz. *couvert* = bedeckt) handelt es sich um eine hochwertige Schokolade, die zu 90 % aus Kakao und zu 10 % aus Kakaobutter besteht. Aufgrund ihres hohen Kakaoanteils ist sie als Kuchenglasur gut geeignet. Sie ist als Zartbitter-, Vollmilch- oder als Kuvertüre erhältlich.

Blockschokolade ist wesentlich preiswerter als Kuvertüre. Sie besteht aus Kakao, Zucker und Wasser und ist aufgrund ihres im Vergleich zur Kuvertüre geringeren Fettgehalts weniger elastisch, kann zum Überziehen von Backwaren aber gut verwendet werden.

Sowohl der Kuvertüre als auch der Blockschokolade kann beim Schmelzen ein Stück Pflanzenfett, z. B. Palmin oder Biskin, hinzugefügt werden. Dadurch lässt sie sich besser verarbeiten, wird etwas geschmeidiger und erhält einen schönen Glanz.

Schmelzen von Kuvertüre und Schokolade im Wasserbad: Beim Wasserbad darf die zu erwärmende oder zu schmelzende Zutat nicht mit Wasser in Berührung kommen. Daher gibt man beispielsweise Schokoladenkuvertüre in eine metallene Schüssel oder in einen kleinen Topf und stellt ihn in ein größeres Gefäß mit heißem Wasser. Im Idealfall „hängt" der Topf über dem heißen Wasser, sodass die Schokolade lediglich durch den aufsteigenden heißen Wasserdampf geschmolzen wird. Beim Wasserbad sollte das Wasser zwar heiß sein, aber nicht kochen.

Grundrezept Schokoladenglasur

150 g Kuvertüre
eventuell 50 g Pflanzenfett, *Palmin* oder *Biskin*

Die Kuvertüre zerkleinern und mit dem Pflanzenfett im Wasserbad schmelzen. Dann damit den noch leicht warmen Kuchen begießen oder die Glasur mit einem Backpinsel auftragen.

Marmorierte Schokoladenglasur

Im Anschluss an den dunklen Schokoladenüberzug kann auch noch etwas weiße Kuvertüre auf den Kuchen aufgetragen werden. Dafür weiße Kuvertüre schmelzen und in Streifen auf die noch weiche dunkle Kuchenglasur auftragen, anschließend die beiden Kuvertüren mit einem Stäbchen oder einem Dekorationskamm ineinanderziehen. So entsteht ein interessantes marmoriertes Muster.

Tipp

Ein Überzug mit Schokoladenglasur kann nach Belieben noch weiter verziert werden: mit bunten Zuckerstreuseln, Nonpareilles, Nusskrokant, Hagelzucker, gehackten Pistazien oder Nüssen, Pinienkernen oder anderen Verzierungen. Streuen Sie die Dekoration über den glasierten Kuchen, solange die Kuvertüre noch nicht ausgehärtet ist.

Marmorkuchen
mit Schokoglasur

Zutaten:

für eine Gugelhupf-
form (ø 22 cm) –
ca. 20 Stücke

250 g weiche Butter
225 g Zucker
1 Päckchen Vanillezucker
5 Eier
500 g Weizenmehl
1 Päckchen Backpulver
120 ml Milch

2 EL brauner Rum
3 – 4 EL Kakao

Außerdem:

Fett und Mehl für die Form
Puderzucker zum Bestäuben
   oder Kuvertüre

Zubereitung:

1. Den Backofen auf 180 °C (Umluft 160 °C) vorheizen. Die Butter mit dem Zucker und dem Vanillezucker schaumig rühren.

2. Die Eier einzeln einrühren.

3. Das Mehl mit dem Backpulver mischen und über die Schaummasse sieben.

4. und 5. Nach und nach 100 ml Milch und den Rum unterrühren. Den Teig in 2 Hälften teilen.

6. Eine Hälfte mit dem Kakaopulver und der restlichen Milch verrühren.

7. Die Backform einfetten und mit Mehl ausstreuen.

8. Den dunklen und den hellen Teig abwechselnd in die Gugelhupfform füllen.

9. Die Teige mit einer Gabel spiralförmig ineinanderziehen und die Oberfläche glattstreichen. Im Backofen ca. 1 Stunde, gegebenenfalls etwas länger, backen und eventuell mit Alufolie abdecken (Stäbchenprobe machen).

10. und 11. Den fertig gebackenen Kuchen aus dem Ofen nehmen und kurz abkühlen lassen. Anschließend aus der Form lösen und auf einem Kuchengitter abkühlen lassen. Entweder mit Puderzucker bestäuben oder mit Kuvertüre überziehen.

12. Für einen Schokoladenguss die Kuvertüre im Wasserbad schmelzen und den Kuchen damit begießen.

Marmorkuchen
mit Pekannüssen

Zutaten:

für eine Kasten-
form (25 cm) –
ca. 12 Stücke

400 g Weizenmehl
100 g Speisestärke
½ Päckchen Backpulver
200 g Margarine
180 g Zucker
1 Päckchen Vanillezucker
1 Prise Salz
½ TL abgeriebene Zitronenschale, unbehandelt

4 Eier
125 ml Milch
50 g Kakaopulver
150 g Pekannüsse, geschält
   und halbiert

Außerdem:

Fett und Semmelbrösel
   für die Form

Zubereitung:

1. Den Backofen auf 180 °C (Umluft 160 °C) vorheizen. Das Mehl mit der Speisestärke und dem Backpulver mischen und in eine Schüssel sieben.

2. Die Margarine mit dem Zucker und dem Vanillezucker cremig rühren, Salz und Zitronenschale unterrühren. Die Eier verquirlen und nach und nach unterrühren, bis die Masse schaumig ist.

3. Die Mehlmischung dazugeben und mit etwa 100 ml Milch unter die Schaummasse rühren, sodass ein homogener Teig entsteht.

4. Den Kakao in eine separate Schüssel sieben.

5. Die Hälfte des Teigs zum Kakao geben und die restliche Milch unterrühren.

6. Die Teige jeweils in einen Spritzbeutel geben und abwechselnd in Streifen in die gefettete und mit Bröseln ausgestreute Kastenform füllen. Die Pekannusshälften jeweils auf den dunklen Teigstreifen verteilen. Eine lange Gabel spiralförmig durch den Teig ziehen, sodass im Teig ein marmoriertes Muster entsteht.

7. Den Kuchen im Backofen ca. 1 Stunde backen. Den fertigen Kuchen in der Form etwas abkühlen lassen, dann auf ein Kuchengitter stürzen und zum Servieren in Scheiben schneiden.

Marmorkuchen

Zutaten:

für eine Kasten-
form (30 cm) –
ca. 15 Stücke

220 g weiche Butter
200 g Zucker
1 Prise Salz
5 Eier
450 g Weizenmehl
1 Päckchen Backpulver
150 ml Milch

1 TL abgeriebene Zitronenschale, unbehandelt
3 EL Kakao

Außerdem:

Butter und Mehl für die Form
Puderzucker zum Bestäuben

Zubereitung:

1. Den Backofen auf 180 °C (Umluft 160 °C) vorheizen.

2. Die Butter, den Zucker und das Salz mit den Quirlen des Handrührgeräts schaumig schlagen. Die Eier dazu- geben und alles cremig rühren.

3. Das Mehl mit dem Backpulver und der Zitronenschale mischen und zusam- men mit 120 ml Milch unterrühren.

4. Die Kastenform mit Butter einfetten und mit Mehl ausstreuen. Die Hälfte des Teiges in die Kastenform füllen. Die andere Hälfte mit dem Kakao und 3 EL Milch mischen. Den dunklen Teig auf den hellen Teig geben, mithilfe einer Gabel beide Teige mischen, sodass ein Marmormuster entsteht.

5. Im Backofen ca. 60 Minuten backen (Stäbchenprobe machen). Gut abküh- len lassen, aus der Form stürzen und mit Puderzucker bestäubt und in Scheiben geschnitten servieren.

Marmorkuchen
mit Nugat

Zutaten:

für eine Gugelhupf-
form (ø 22 cm) –
ca. 20 Stücke

250 g Margarine,
    z. B. von *Rama*
175 g Zucker
5 Eier
200 g Weizenmehl
50 g Speisestärke
½ Päckchen Backpulver

1 Prise Salz
1 Päckchen geriebene Orangenschale
100 g Nugat

Außerdem:

Margarine und Semmelbrösel für die Form
Puderzucker zum Bestäuben

Zubereitung:

1. Die Margarine und den Zucker mit den Quirlen des Handrührgerätes cremig rühren. Die Eier trennen und die Eigelbe nacheinander unter die Margarinecreme rühren. Das gesiebte Mehl, die Speisestärke, das Backpulver und das Salz mischen und esslöffelweise unter die Creme rühren.

2. Den Backofen auf 175 °C (Umluft 155 °C) vorheizen. Den Teig halbieren und eine Hälfte mit der Orangenschale verrühren. Den Nugat in kleine Würfel schneiden und mit der anderen Hälfte des Teiges verrühren.

3. Die Eiweiße steif schlagen. Jeweils die Hälfte des Eischnees zu jeder Teigportion geben und vorsichtig unterheben.

4. Die Gugelhupfform mit Margarine einfetten und mit Semmelbröseln ausstreuen. Erst den hellen Teig in die Form geben, dann den dunklen Teig auf dem hellen verteilen. Eine Gabel spiralförmig durch die Teige ziehen, um ein Muster zu erzeugen.

5. Den Kuchen im Backofen ca. 75 Minuten backen. Den Kuchen für die letzten 20 Minuten mit Alufolie abdecken, damit er nicht zu dunkel wird.

6. Den Kuchen aus dem Ofen nehmen, ca. 5 Minuten in der Form abkühlen lassen und zum Auskühlen auf ein Kuchengitter stürzen. Den fertigen Kuchen mit Puderzucker bestäuben.

Zebrakuchen

Zutaten:

für eine Springform
(ø 26 cm) –
ca. 16 Stücke

300 g Weizenmehl,
   z. B. von *Aurora*
2 TL Backpulver
200 g Zucker
1 Prise Salz
5 Eier
100 g Butter

1 Päckchen Vanillezucker
3 EL Kakaopulver

Außerdem:

Fett für die Form
Puderzucker zum
   Bestäuben

Zubereitung:

1. Den Backofen auf 180 °C (Umluft 160 °C)
vorheizen.

2. Das gesiebte Mehl mit dem Backpulver mischen.
Den Zucker, das Salz, die Eier, 120 ml Wasser,
die Butter und den Vanillezucker in eine Schüssel geben. Die Mehlmischung hinzufügen und
alles mit den Quirlen des Handrührgeräts zu
einem glatten Teig verrühren.

3. Die Hälfte des Teiges in eine zweite Schüssel
geben und das Kakaopulver und 80 ml Wasser
einrühren.

4. Die Springform gut einfetten. Mit zwei Löffeln
abwechselnd hellen und dunklen Teig in die
Form geben, dabei von der Mitte nach außen
arbeiten.

5. Den Kuchen im Backofen auf der untersten
Schiebeleiste 40 – 50 Minuten backen. Nach
dem Backen leicht mit Puderzucker
bestäuben.

Bunter Marmorkuchen

Zutaten:

für eine Kasten-
form (30 cm) –
ca. 15 Stücke

250 g weiche Butter
250 g Zucker
5 Eier
2 EL Milch
350 g Weizenmehl
1 Päckchen Backpulver
1 Päckchen Soßenpulver,
   Vanillegeschmack
1 EL Kakaopulver

½ Päckchen Götterspeise,
   Himbeergeschmack

Außerdem:

Fett und Mehl bzw. Semmelbrösel für die Form
Puderzucker
3 EL Himbeerkonfitüre

Zubereitung:

1. Den Backofen auf 180 °C (Umluft 160 °C) vorheizen. Die Butter mit dem Zucker schaumig rühren. Die Eier und die Milch nach und nach zugeben. Das Mehl mit dem Backpulver mischen, darübersieben und alles gleichmäßig verrühren.

2. Den Teig in 3 gleiche Teile aufteilen. Je eine Teigmenge mit Soßenpulver, Kakao- und Götterspeisenpulver verrühren.

3. Die Kastenform einfetten und mit Semmelbröseln oder Mehl ausstreuen. Zuerst den hellen Teig in die Form geben, darauf den Kakaoteig und zum Schluss den rosafarbenen Teig. Die Teige vorsichtig einmal mit einem Löffel durchziehen.

4. Im Backofen ca. 50 Minuten backen. Nach ca. 15 Minuten Backzeit den Kuchen mit einem Messer der Länge nach ca. 2 cm tief einschneiden und dann zu Ende backen. Nach dem Backen den Kuchen auf einem Kuchengitter abkühlen lassen und später nach Belieben mit Puderzucker bestreuen und mit Himbeerkonfitüre bestreichen.

Bananenkuchen
mit Ingwer

Zutaten:

für eine Kastenform (25 cm) –
ca. 12 Stücke

200 g weiche Bananen (ohne Schale)
40 – 50 g Ingwer, in Sirup eingelegt
100 g weiche Butter
100 g Zucker
1 TL Bourbon-Vanillezucker
2 Eier
50 g Speisestärke, z. B. von *Mondamin*

150 g Weizenmehl
2 ½ TL Backpulver

Außerdem:

Fett für die Form
Puderzucker zum
   Bestäuben

Zubereitung:

1. Die Bananen in kleine Würfel schneiden. Den Ingwer klein schneiden. Den Backofen auf 180 °C (Umluft 160 °C) vorheizen.

2. Die Butter in eine Schüssel geben. Den Zucker, den Vanillezucker,
die Eier, die Speisestärke, das gesiebte Mehl und das Backpulver
dazugeben und alle Zutaten mit den Quirlen des Handrührgeräts
auf der höchsten Stufe ca. 2 Minuten gut verrühren.

3. Zuletzt die Bananen und den Ingwer unter den Teig mischen.

4. Den Teig in die eingefettete Kastenform füllen und im Backofen
75 Minuten backen.

5. Den Bananenkuchen auf einen Kuchenrost geben und erkalten
lassen. Den fertigen Kuchen mit Puderzucker bestäuben.

Bananenkuchen
mit Schokotropfen

Zutaten:

für eine Kasten-
form (30 cm) –
ca. 15 Stücke

200 g weiche Bananen
   (ohne Schale)
250 g weiche Butter
200 g Zucker
1 Prise Salz
4 Eier
350 g Weizenmehl
50 g Speisestärke

1 Päckchen Backpulver
100 g Walnüsse, gemahlen
3 EL Schokodrops, zartbitter
50 – 100 ml Milch

Außerdem:

Fett und Mehl für die Form
30 g Walnüsse, gehackt

Zubereitung:

1. Den Backofen auf 200 °C (Umluft 180 °C) vorheizen.

2. Die Kastenform einfetten und mit Mehl ausstreuen oder mit Backpapier auslegen.

3. Die Bananen in einem Mixer fein pürieren. Die Butter mit den Quirlen
   des Handrührgerätes schaumig schlagen. Nach und nach den Zucker
   und das Salz einrühren. Die Eier einzeln unterrühren und alles ins-
   gesamt etwa 5 Minuten gut schaumig schlagen. Zuletzt das Bananen-
   püree unterrühren.

4. In einer weiteren Schüssel das Mehl mit dem Backpulver, der Stärke,
   den Walnüssen sowie den Schokodrops vermischen. Die Mehlmischung
   abwechselnd mit der Milch unter die Eiermasse rühren, bis ein geschmeidiger Teig entsteht. Nach Bedarf noch etwas Milch unterrühren.

5. Den Teig in die vorbereitete Kastenform füllen, mit den restlichen gehackten Walnüssen bestreuen, längs in der Mitte einschneiden und
   im Backofen ca. 1 Stunde backen (Stäbchenprobe machen). Nach
   Ende der Backzeit den Kuchen aus der Form lösen und auf einem
   Kuchengitter vollständig auskühlen lassen. In Scheiben geschnitten
   servieren.

Bananen-Kokos-Kuchen

Zutaten:

für eine Kasten-
form (30 cm) –
ca. 15 Stücke

150 g weiche Butter
160 g brauner Zucker
1 Päckchen Vanillezucker
4 Eier
300 g weiche Bananen
  (ohne Schale)
2 EL weißer Rum
250 g Weizenmehl,
  z. B. von *Aurora*
100 g Mandeln, gemahlen

2 TL Backpulver
100 g Kokosraspel

Außerdem:

Butter und Mehl
  für die Form

Zum Verzieren:

200 g weiße Kuvertüre
4 EL Kokos-Chips

Zubereitung:

1. Die Butter, den braunen Zucker und den Vanillezucker mit den Quir-len des Handrührgeräts schaumig rühren. Die Eier nach und nach un-terrühren. Den Backofen auf 175 °C (Umluft 155 °C) vorheizen.

2. Die Bananen mit der Gabel zu Brei drücken und mit dem Rum dazuge-ben. Die Mandeln, das gesiebte Mehl, das Backpulver und die Kokos-raspeln mischen und esslöffelweise unter die Bananenmasse rühren.

3. Die Kastenform mit Butter einfetten und mit Mehl bestäuben.

4. Den Teig einfüllen, glatt streichen und im Backofen auf der zweiten Schiebeleiste von unten ca. 1 Stunde backen.

5. Den fertig gebackenen Kuchen nach 10 Minuten aus der Form lösen und auf einem Kuchengitter auskühlen lassen. Die weiße Kuvertüre grob hacken und im Wasserbad schmelzen.

6. Die Kokos-Chips in einer Pfanne ohne Fett leicht rösten. Den ausge-kühlten Kuchen mit der Kuvertüre überziehen und mit den Kokos-Chips bestreuen.

Früchtekuchen

Zutaten:

für eine Kasten-
form (30 cm) –
ca. 15 Stücke

80 g Rosinen
3 EL Rum
50 g Feigen, getrocknet
50 g Aprikosen, getrocknet
180 g weiche Butter
150 g Zucker
4 Eier
abgeriebene Schale von
   1 Zitrone, unbehandelt
350 g Weizenmehl

3 TL Backpulver
50 g Orangeat, gehackt
50 g Zitronat, gehackt
100 ml Milch

Außerdem:

Butter für die Form

Zum Verzieren:

4 Feigen, getrocknet
Puderzucker

Zubereitung:

1. Den Backofen auf 180 °C (Umluft 160 °C) vorheizen.

2. Die Rosinen in Rum einweichen. Die Feigen und die Aprikosen in kleine Würfel schneiden und in lauwarmes Wasser einweichen.

3. Die Butter und den Zucker mit den Quirlen des Handrührgerätes schaumig rühren, die Eier dazugeben und noch etwa 2 Minuten weiterrühren. Die Zitronenschale dazugeben, das Mehl mit dem Backpulver mischen und in die Masse sieben.

4. Die Rosinen mit dem Rum, dem Orangeat, dem Zitronat und den gut abgetropften Trockenfrüchten unterheben und die Milch dazugeben.

5. Die Kastenform mit Butter einfetten und den Teig einfüllen. Im Backofen 50 – 60 Minuten goldbraun backen (Stäbchenprobe machen).

6. Den fertig gebackenen Kuchen abkühlen lassen, aus der Form stürzen und auf einem Kuchengitter vollständig erkalten lassen. Mit Puderzucker bestäuben und die in Scheiben geschnittenen Feigen mittig auf den Kuchen legen.

Vollwertkuchen
mit Früchten und Zimt

Zutaten:

für eine Kasten-
form (30 cm) –
ca. 15 Stücke

2 säuerliche Äpfel,
   z. B. Granny Smith
1 EL Zitronensaft
150 g schwarze
   Johannisbeeren
225 g Weizenmehl
100 g Vollkornmehl

75 g Mandeln, gemahlen
1 Päckchen Backpulver
200 g weiche Butter
200 g Zucker
½ TL Zimt, gemahlen
1 Prise Salz
4 Eier

100 – 120 ml Milch

Außerdem:

Mehl zum Bestäuben
Butter und Mehl für
   die Form

Zubereitung:

1. Den Backofen auf 180 °C (Umluft
   160 °C) vorheizen.

2. Die Äpfel schälen, vierteln, entkernen,
   fein raspeln und mit dem Zitronensaft
   mischen. Die Johannisbeeren waschen,
   verlesen, von den Rispen streifen und
   abtropfen lassen.

3. Die beiden Mehlsorten mit den Mandeln und dem Backpulver mischen.
   Die Butter mit den Quirlen des Handrührgerätes cremig schlagen und den
   Zucker, den Zimt und das Salz nach
   und nach dazugeben.

4. Die Eier einzeln unterrühren und die
   Mehlmischung mit der Milch und den
   Äpfeln dazugeben. Alles zu einem glat-
   ten Teig verrühren. Die Johannisbeeren
   leicht mit Mehl bestäuben und zum
   Schluss unter den Teig heben.

5. Die Kastenform mit Butter einfetten,
   mit Mehl ausstreuen und den Teig einfüllen. Glatt verstreichen und im Backofen 45 – 60 Minuten backen (Stäbchenprobe machen und rechtzeitig
   mit Alufolie abdecken).

6. Den fertig gebackenen Kuchen aus dem Ofen
   nehmen, abkühlen lassen, auf ein Brett stürzen und vollständig auskühlen lassen. In
   Scheiben geschnitten servieren.

Mineralwasserkuchen
mit Puderzucker

Zutaten:

für eine Kastenform (25 cm) –
ca. 12 Stücke

180 g weiche Butter
150 g Zucker
1 Päckchen Vanillezucker
4 Eier
250 g Weizenmehl
1 EL Backpulver
100 g Haselnüsse, gemahlen

50 g Haselnüsse, gehackt
80 – 100 ml Mineralwasser
  mit Kohlensäure

Außerdem:

Butter und Mehl für die Form
Puderzucker zum Bestäuben

Zubereitung:

1. Den Backofen auf 180 °C (Umluft 160 °C) vorheizen.

2. Die Kastenform mit Butter einfetten und mit Mehl ausstreuen.

3. Die Butter, den Zucker und den Vanillezucker mit den Quirlen des Handrührgerätes schaumig schlagen und die Eier einzeln unterrühren.

4. Das Mehl mit dem Backpulver vermischen und mit den gemahlenen und gehackten Nüssen verrühren, mit dem Mineralwasser abwechselnd unter die Buttermasse rühren.

5. Den Teig in die vorbereitete Form füllen, glatt streichen und im Backofen 45 – 50 Minuten backen (Stäbchenprobe machen und rechtzeitig mit Alufolie abdecken).

6. Den fertig gebackenen Kuchen aus dem Ofen nehmen, abkühlen lassen, vorsichtig aus der Form stürzen und vollständig erkalten lassen. Mit Puderzucker bestäubt und in Scheiben geschnitten servieren.

> **Tipp**
> Durch die Zugabe von kohlensäurehaltigem Mineralwasser wird ein Rührkuchen schön locker und saftig.

Blondies
mit Himbeeren

Zutaten:

für eine rechteckige Backform (35 × 24 cm) – ca. 25 Stücke

150 g Margarine, z. B. von *Sanella*
150 g weiße Kuvertüre
3 Eier
150 g brauner Zucker
1 Päckchen Vanillezucker

200 g Weizenmehl
2 TL Backpulver
100 g Himbeeren

Außerdem:

Fett für die Form

Zubereitung:

1. Die Kuvertüre im Wasserbad schmelzen lassen. Nach und nach die Margarine hinzufügen und alles etwas abkühlen lassen.

2. Die Eier, den Zucker und den Vanillezucker mit den Quirlen des Handrührgerätes schaumig schlagen und nach und nach die Mischung aus Margarine und Kuvertüre unterrühren. Den Backofen auf 175 °C (Umluft 155 °C) vorheizen.

3. Das Mehl und das Backpulver mischen, auf die Masse sieben und unterrühren. Die Himbeeren verlesen und vorsichtig unterheben.

4. Den Teig in die gefettete Backform geben und im Backofen ca. 35 Minuten backen.

5. Den Kuchen in der Form abkühlen lassen und dann in Stücke schneiden.

Teekuchen
mit Aprikosen und Rosinen

Zutaten:

für eine Kasten-
form (25 cm) –
ca. 12 Stücke

100 g getrocknete Aprikosen
100 g Rosinen
80 ml Rum
200 g weiche Butter
180 g Zucker
Salz
4 Eier
250 g Weizenmehl

150 g Haselnüsse, gemahlen
1 ½ EL Backpulver
100 – 120 ml Milch
1 TL abgeriebene Zitronenschale

Außerdem:

Butter und Mehl für die Form

Zubereitung:

1. Die Aprikosen in lauwarmes Wasser und die Rosinen in Rum einweichen. Den Backofen auf 180 °C (Umluft 160 °C) vorheizen.

2. Die Kastenform mit Butter einfetten und mit Mehl ausstreuen.

3. Die Butter, den Zucker und eine Prise Salz mit den Quirlen des Handrührgerätes cremig schlagen.

4. Die Eier trennen, die Eigelbe einzeln hinzufügen, das Mehl mit den Nüssen und dem Backpulver mischen und abwechselnd mit der Milch unterrühren. Die Eiweiße mit einer Prise Salz steif schlagen und unterheben.

5. Die Aprikosen abgießen, trocken tupfen und in kleine Würfel schneiden. Mit den gut abgetropften Rosinen und der Zitronenschale unter den Teig heben und diesen in die vorbereitete Form füllen. Glatt verstreichen und im Backofen 45 – 55 Minuten backen (Stäbchenprobe machen).

6. Den Kuchen aus dem Ofen nehmen, abkühlen lassen, vorsichtig aus der

Form lösen und auf einem Kuchengitter vollständig erkalten lassen. Nach Belieben mit geschlagener Sahne servieren.

Zitronen-Ingwer-Kuchen

Zutaten:

für eine Kastenform (25 cm) –
ca. 12 Stücke

250 g weiche Butter
220 g Zucker
5 Eier
350 g Weizenmehl
150 g Speisestärke
2 TL Ingwer, frisch gerieben
1 EL Backpulver
120 ml Milch

abgeriebene Schale von
2 Zitronen, unbehandelt

Außerdem:

Butter und Mehl für die Form
100 ml Zitronensaft
100 g Puderzucker

Zubereitung:

1. Den Backofen auf 180 °C (Umluft 160 °C) vorheizen. Die Kastenform mit Butter einfetten und mit Mehl ausstreuen.

2. Die Butter in einer Rührschüssel schaumig schlagen und ⅔ des Zuckers unterrühren. Die Eier trennen, die Eigelbe zur Buttermischung geben und das Ganze cremig aufschlagen.

3. Das Mehl, die Speisestärke, den Ingwer, das Backpulver und die abgeriebene Schale von einer Zitrone abwechselnd mit der Milch dazugeben und alles kurz verrühren.

4. Die Eiweiße mit dem restlichen Zucker steif schlagen, etwas Eischnee in die Masse rühren, dann den restlichen Eischnee vorsichtig unterheben.

5. Den Teig in die vorbereitete Form füllen und glatt streichen. Im Backofen ca. 1 Stunde backen (Stäbchenprobe machen).

6. Inzwischen Zitronensaft und die restliche Zitronenschale mit dem Puderzucker sirupartig einköcheln lassen. Den fertigen Kuchen aus dem Ofen nehmen, abkühlen lassen, aus der Form lösen und mit dem Zitronensirup beträufeln. Dabei die Zitronenschale auf dem Kuchen verteilen. Den Kuchen trocknen lassen und in Scheiben geschnitten servieren.

Kürbis-Walnuss-Kuchen

Zutaten:

für eine Kasten-
form (30 cm) –
ca. 15 Stücke

500 g Muskatkürbis
250 g weiche Butter
200 g Zucker
4 Eier
200 g Walnüsse, gemahlen
Schale von 1 Zitrone,
    unbehandelt
1 Prise Salz
120 ml Milch

250 – 300 g Weizenmehl
2 TL Backpulver
6 EL Zucker

Außerdem:

Fett für die Form
80 g Puderzucker
2 EL Zitronensaft
Walnusskerne zum Garnieren

Zubereitung:

1. Den Backofen auf 180 °C (Umluft 160 °C) vorheizen.

2. Den Kürbis schälen, entkernen und ca. 300 g davon auf einer Gemüse-
reibe raspeln. Die Raspel auspressen und mit Küchenkrepp trocknen.
Den restlichen Kürbis in feine Scheibchen schneiden.

3. Die Butter glatt rühren, den Zucker und die Eier abwechselnd dazugeben und die Masse schaumig schlagen, bis sich die Zuckerkristalle aufgelöst haben. Die gemahlenen Nüsse, die Zitronenschale, das Salz, die
Milch und die Kürbisraspel dazugeben. Das Mehl und das Backpulver
vermischen, auf die Teigmasse sieben und gründlich unterrühren.

4. Die Kastenform einfetten. Die Teigmasse einfüllen und den Kuchen im
Backofen ca. 60 Minuten backen (Stäbchenprobe machen). Eventuell
mit Alufolie abdecken, damit der Kuchen nicht zu dunkel wird.

5. 125 ml Wasser und 6 EL Zucker ca. 10 Minuten köcheln lassen. Den
restlichen Kürbis dazugeben und im Zuckersirup glasig dünsten. Herausnehmen und gut abtropfen lassen. Den Kürbis-Walnuss-Kuchen
in der Form abkühlen lassen, vorsichtig stürzen. Aus dem Puderzucker
und dem Zitronensaft einen dünnflüssigen Zuckerguss zubereiten
und den Kuchen damit bestreichen. Mit den Kürbisscheibchen und
den Walnusskernen garnieren und in Scheiben geschnitten servieren.

Orangensirup-Kuchen

Zutaten:

für eine ofenfeste
Auflaufform –
ca. 24 Stücke

500 g Weizenmehl
1 Päckchen Backpulver
½ TL Salz
250 g Grieß
5 Eier
250 g Margarine, z. B. von *Sanella*
150 g Zucker
2 Päckchen Backaroma
    Orangenfrucht

350 ml Orangensaft

Für den Sirup:

325 g Zucker
125 ml Orangensaft

Außerdem:

Fett für die Form
100 g gehackte Mandeln

Zubereitung:

1. Das Mehl und das Backpulver mischen und sieben, mit dem Salz und dem Grieß vermengen. Die Eier trennen. Den Backofen auf 180 °C (Umluft 160 °C) vorheizen.

2. Die Margarine, 75 g Zucker und die Orangenfrucht mit den Quirlen des Handrührgeräts cremig rühren. Die Eigelbe dazugeben und unterrühren. Mit dem Rührgerät abwechselnd die Mehlmischung und Orangensaft einarbeiten.

3. Die Eiweiße mit dem restlichen Zucker mit den Quirlen des Handrührgerätes zu steifem Eischnee schlagen und vorsichtig unter den Teig heben.

4. Den Teig in eine eingefettete ofenfeste Auflaufform oder rechteckige Backform geben und die Mandeln gleichmäßig darauf verteilen. Den Kuchen ca. 40 Minuten backen, herausnehmen und leicht abkühlen lassen.

5. In der Zwischenzeit für den Sirup den Zucker, den Orangensaft und 125 ml Wasser miteinander aufkochen. Den heißen Sirup über den Kuchen gießen und den Kuchen ganz auskühlen lassen.

Espresso-Kuchen

Zutaten:

für eine Kasten-
form (25 cm) –
ca. 12 Stücke

½ Vanilleschote
180 g weiche Butter
140 g Zucker
3 Eier
200 g Weizenmehl
1 ½ TL Backpulver
1 EL Kakaopulver

100 g Haselnüsse, gemahlen
80 – 90 ml kalter Espresso

Außerdem:

Fett und Mehl für die Form
Puderzucker zum Bestäuben

Zubereitung:

1. Den Backofen auf 180 °C (Umluft 160 °C) vorheizen.

2. Das Mark aus der Vanilleschote kratzen. Die Butter mit dem Zucker schaumig schlagen und die Eier und das Vanillemark nach und nach unterrühren. Das Mehl mit dem Backpulver, dem Kakao und den Nüssen mischen und abwechselnd mit dem Espresso unter die Buttermasse rühren.

3. Den Teig in die eingefettete und mit Mehl ausgestreute Kastenform füllen, glatt verstreichen und im Backofen 40 – 45 Minuten backen (Stäbchenprobe machen).

4. Den fertigen Kuchen aus dem Ofen nehmen, kurz ruhen lassen, vorsichtig aus der Form stürzen und auf einem Kuchengitter vollständig erkalten lassen. Mit Puderzucker bestäubt und in Scheiben geschnitten servieren.

Cranberry-Kuchen

Zutaten:

für eine Springform
mit Kranzeinsatz
(ø 26 cm) –
ca. 12 Stücke

200 g frische Cranberrys
2 EL Zucker
250 g weiche Butter
200 g Zucker
1 Prise Salz
4 Eier
1 TL abgeriebene
 Zitronenschale

400 g Weizenmehl
100 g Mandeln,
 gemahlen
1 Päckchen Backpulver
100 – 120 ml Milch

Für den Guss:

150 g Puderzucker

2 – 3 EL Zitronensaft
2 EL kandierte Ananas,
 gehackt

Außerdem:

Mehl zum Bestäuben
Fett und Mehl für die
 Form

Zubereitung:

1. Den Backofen auf 180 °C (Umluft
   160 °C) vorheizen.

2. Die Cranberrys waschen, putzen und
   mit dem Zucker mischen.

3. Die Butter cremig rühren, nach und
   nach den Zucker und das Salz unterrühren, bis der Zucker nicht mehr
   knirscht. Die Eier einzeln unterrühren,
   die Zitronenschale dazugeben.

4. Das Mehl mit den Mandeln und dem
   Backpulver mischen und abwechselnd
   mit der Milch unter die Butter-Ei-Masse
   rühren. 12 Cranberrys beiseite legen.
   Den Rest gut abtropfen lassen, leicht
   mit Mehl bestäuben und unter den
   Teig heben.

5. Den Teig in die eingefettete und mit
   Mehl ausgestreute Springform füllen,
   glatt verstreichen und im Backofen
   50 – 60 Minuten backen (Stäbchenprobe machen).

6. Für den Guss den Puderzucker mit
   dem Zitronensaft verrühren. Den
   fertig gebackenen Kuchen aus dem
   Ofen nehmen, abkühlen lassen, aus

der Form lösen und auf einem Kuchengitter
vollständig erkalten lassen. Mit dem Guss bestreichen, mit den Cranberrys und den kandierten Früchten belegen und trocknen lassen. In
Stücke geschnitten servieren.

Kirsch-Napfkuchen
mit Schokostückchen

Zutaten:

für eine Napfkuchen-
form (ø 24 cm) –
ca. 20 Stücke

5 Eier
250 g Zucker
2 EL Vanillezucker
100 ml Kirschwein, z. B.
    von *Katlenburger*
250 ml Pflanzenöl
225 g Weizenmehl
125 g Speisestärke
1 Päckchen Backpulver

100 g Zartbitterschokolade
1 Glas Schattenmorellen, ca. 720 ml

Für den Guss:

3 EL Kirschwein, z. B. von *Katlenburger*
80 g Puderzucker

Außerdem:

Mehl zum Bestäuben
Fett und Semmelbrösel für die Form

Zubereitung:

1. Den Backofen auf 180 °C (Umluft
160 °C) vorheizen.

2. Die Eier mit dem Zucker und dem Vanillezucker schaumig schlagen. Den
Kirschwein und das Öl unterrühren.
Das gesiebte Mehl, die Speisestärke
und das Backpulver vorsichtig unterziehen.

3. Die Schokolade grob hacken. Die
Schattenmorellen sehr gut abtropfen
lassen und mit etwas Mehl bestäuben.
Die Schokolade und die Kirschen vorsichtig unter den Teig ziehen. Den Teig
in die eingefettete und mit Semmelbröseln ausgestreute Napfkuchen-
form füllen.

4. Den Kuchen im Backofen 60 – 70 Minuten goldbraun backen, vorsichtig auf
ein Kuchengitter stürzen und etwas
abkühlen lassen.

5. Für den Guss den Kirschwein mit dem
Puderzucker verrühren, den Kuchen
damit bestreichen und vollständig auskühlen lassen.

Orientalischer Napfkuchen

Zutaten:

für eine Gugelhupfform
(ø 24 cm) – ca. 20 Stücke

300 g weiche Butter
250 g Zucker
2 EL flüssiger Honig
2 TL Ingwer, gemahlen
1 TL Kardamom, gemahlen
2 TL Anis, gemahlen
5 Eier
300 g Dinkelvollkornmehl
80 g Dinkelmehl Type 630,
z. B. von *Aurora*
1 Päckchen Backpulver
4 EL Milch

100 g Aprikosen, getrocknet
50 g Mandelstifte, geröstet
25 g Pistazien, gehackt

Zum Verzieren:

200 g Vollmilch- oder
Zartbitterkuvertüre
1 EL Sesam, geröstet
1 EL Pistazien, gehackt

Außerdem:

Butter und Mehl für die Form

Zubereitung:

1. Die Butter mit den Quirlen des Handrührgerätes auf höchster Stufe schlagen, bis sie weißlich wird. Zucker, Honig, Ingwer, Kardamom und Anis nach und nach hinzufügen. Die Eier einzeln dazugeben und jeweils etwa ½ Minute unterschlagen. Den Backofen auf 180 °C (Umluft 160 °C) vorheizen.

2. Die Mehle mischen, sieben, mit dem Backpulver mischen und alles mit der Milch bei mittlerer Geschwindigkeit mit dem Rührgerät unterrühren. Die getrockneten Aprikosen fein hacken und mit den Mandelstiften sowie den Pistazien unterziehen.

3. Die Gugelhupfform mit Butter einfetten und mit Mehl bestäuben. Den Teig einfüllen, glatt streichen und im Backofen auf der unteren Schiebeleiste ca. 1 Stunde backen.

4. Den fertig gebackenen Kuchen nach 10 Minuten aus der Form lösen und auf einem Kuchengitter auskühlen lassen. Die Kuvertüre grob hacken und nach Packungsanweisung im Wasserbad schmelzen.

5. Den ausgekühlten Kuchen mit der Kuvertüre überziehen und mit Sesam sowie Pistazien bestreuen.

Kirschkuchen

Zutaten:

für eine Springform
(ø 24 cm) –
ca. 12 Stücke

200 g weiche Butter
200 g Zucker
4 Eier
1 EL abgeriebene Zitronenschale
1 Päckchen Backpulver
400 g Weizenmehl

80 – 100 ml Milch
1 Glas Süßkirschen
(ca. 720 ml)

Außerdem:

Fett für die Form
Puderzucker zum Bestäuben

Zubereitung:

1. Den Boden der Springform mit Backpapier auslegen und den Rand einfetten. Den Backofen auf 180 °C (Umluft 160 °C) vorheizen.

2. Die Butter mit dem Zucker cremig rühren, nach und nach einzeln die Eier dazugeben. Die Zitronenschale hinzufügen und alles verrühren. Das Backpulver mit dem Mehl mischen und mit der Milch abwechselnd unterrühren.

3. Die Kirschen abtropfen lassen, leicht mit Mehl bestäuben und unter den Teig heben. Den Teig in die vorbereitete Form füllen und im Backofen 45 – 55 Minuten backen (Stäbchenprobe machen).

4. Den fertig gebackenen Kuchen aus dem Ofen nehmen, abkühlen lassen, vorsichtig aus der Form stürzen und auf einem Kuchengitter vollständig auskühlen lassen. Vor dem Servieren mit Puderzucker bestäuben.

Finnischer Blaubeerkuchen

Zutaten:

für eine Springform
(ø 26 cm) –
ca. 12 Stücke

250 g Weizenmehl
150 g Zucker
2 TL Backpulver
1 Beutel Würzmischung
für Muffins,
z. B. von *Fuchs*
2 Eier

150 ml Milch
70 g zerlassene Butter
500 g Blaubeeren

Für den Vanilleschaum:

250 ml Milch
1 Ei

1 EL Zucker
2 Päckchen Bourbon-
Vanillezucker
1 EL Speisestärke

Außerdem:

Fett für die Form

Zubereitung:

1. Den Backofen auf 200 °C (Umluft 180 °C) vorheizen.

2. Das gesiebte Mehl, den Zucker, das Backpulver
und die Würzmischung in einer Schüssel mischen. Die Eier, die Milch und die Butter dazugeben und alle Zutaten mit einem Löffel zu
einem glatten Teig verrühren. Den Teig in die
eingefettete Springform geben.

3. Die Blaubeeren waschen und trocken tupfen.
Auf dem Teig verteilen. Den Kuchen im heißen
Backofen 30 – 40 Minuten goldbraun backen,
anschließend auf einem Kuchengitter auskühlen lassen und mit Puderzucker bestäuben.

4. Für den Vanilleschaum die Milch, das Ei, den
Zucker, den Vanillezucker und die Speisestärke im heißen Wasserbad schaumig aufschlagen. Lauwarm zum Blau-
beer-Kuchen servieren.

Pflaumenkuchen
mit Haselnüssen

Zutaten:

für eine Springform
(ø 26 cm) –
ca. 12 Stücke

250 g Pflaumen
100 g Margarine, z. B. von *Rama*
75 g Zucker
2 Päckchen Vanillezucker
1 Päckchen Zitronenschale
2 Eier
200 g Weizenmehl

1 TL Backpulver
125 ml Milch
75 g Haselnüsse, gehackt

Außerdem:

Fett für die Form
Puderzucker zum Bestäuben

Zubereitung:

1. Den Backofen auf 180 °C (Umluft 160 °C) vorheizen. Die Pflaumen waschen, entsteinen und grob würfeln.

2. Die Margarine und den Zucker mit den Quirlen des Handrührgerätes cremig rühren. Den Vanillezucker und die Zitronenschale unterrühren. Nacheinander die Eier dazugeben. Mehl und Backpulver mischen, sieben und abwechselnd mit der Milch unterrühren. Die Pflaumen und 50 g Haselnüsse unterheben.

3. Den Teig in die eingefettete Springform geben, glatt streichen und mit den restlichen Haselnüssen bestreuen. Im Backofen ca. 55 Minuten goldbraun backen.

4. Den Kuchen in der Form etwas abkühlen lassen und mit Puderzucker bestäuben.

Orangenkuchen
mit frischen Erdbeeren

Zutaten:

für eine Springform
(ø 26 cm) –
ca. 12 Stücke

200 g weiche Butter
180 g Zucker
2 Orangen, davon
  1 unbehandelt
4 Eier
400 g Weizenmehl
1 EL Backpulver
100 ml Orangensaft

Für die Glasur:

100 g Aprikosenkonfitüre
150 g Puderzucker
3 EL weißer Rum
400 g frische Erdbeeren

Außerdem:

Fett für die Form

Zubereitung:

1. Den Backofen auf 180 °C (Umluft 160 °C) vorheizen. Die Springform am Rand einfetten und mit Backpapier auslegen.

2. Die Butter mit dem Zucker schaumig rühren. Die Schale von 1 Orange abreiben. Die Eier einzeln unterrühren, das Mehl mit dem Backpulver und der Orangenschale mischen und mit dem Orangensaft abwechselnd unter die Buttermasse rühren.

3. Den Teig in die Backform geben, glatt streichen und im Backofen 10 Minuten backen. Die Hitze auf 150 °C (Umluft 130 °C) reduzieren und in ca. 40 Minuten fertig backen (Stäbchenprobe machen). Den Kuchen herausnehmen, auf ein Kuchengitter stürzen und das Backpapier abziehen.

4. Die Konfitüre leicht erhitzen. Den Saft der Orangen auspressen und mit dem Puderzucker und dem Rum daraus eine Glasur herstellen. Den Kuchen mit der flüssigen Konfitüre einpinseln. Die Hälfte der Glasur darauf verteilen und trocknen lassen.

5. Die Erdbeeren waschen, putzen und in Stücke schneiden, mit der restlichen Glasur mischen. Den Kuchen aus dem Ofen nehmen, komplett abkühlen lassen und mit den marinierten Erdbeeren servieren.

Karottenkuchen

Zutaten:

für eine Springform
(ø 26 cm) –
ca. 12 Stücke

300 g Möhren
200 g weiche Butter
300 g Zucker
½ TL Zimt
2 Msp. Gewürznelken,
  gemahlen
1 Prise Salz
4 Eier
300 g Vollkornweizen-
  mehl, z. B. von *Gold-*
  puder

1 Päckchen Backpulver
250 g Mandeln, gemahlen

Zum Verzieren:

150 g weiße Kuvertüre
kleine Möhrchen, halbiert
  und glasiert

Außerdem:

Fett und Semmelbrösel
  für die Form

Zubereitung:

1. Den Backofen auf 180 °C (Umluft 160 °C) vorheizen.

2. Die Möhren schälen, putzen und fein raspeln. Die Butter mit Zucker, Zimt, Nelken und Salz schaumig schlagen. Die Eier dazugeben und das Ganze verrühren.

3. Das gesiebte Mehl mit dem Backpulver mischen und nach und nach untermischen. Die geraspelten Möhren und die gemahlenen Mandeln unter den Teig rühren.

4. Die Springform einfetten und mit Semmelbröseln ausstreuen. Den Teig einfüllen und im Backofen ca. 1 Stunde backen.

5. Den Kuchen mit einem spitzen Messer vom Formrand lösen, stürzen und auskühlen lassen. Die weiße Kuvertüre im Wasserbad schmelzen. Den Kuchen mit der weißen Kuvertüre und den kleinen Möhrchen verzieren.

> **Tipp**
>
> *Herstellung von glasierten Möhrchen zur Dekoration*
>
> 6 kleine Möhrchen putzen, schälen, halbieren und gegebenenfalls in Form schneiden. Etwas Butter, Zucker und 1 Prise Salz in einem Topf erhitzen und die Möhrchen darin anschwitzen, dabei mehrmals wenden. Eine kleine Menge Wasser angießen und die Möhrchen bei geringer Hitzezufuhr im offenen Topf garen. Herausnehmen und auf einem Stück Küchenkrepp abtropfen lassen.

Schokoladenkuchen

Zutaten:

für eine Springform (ø 26 cm) –
für ca. 8 – 12 Stücke

200 g Bitterschokolade
2 Eier
100 ml Olivenöl, z. B. von *Bertolli*
60 g Zucker
50 g Weizenmehl
½ TL Backpulver

50 g Mandeln, gemahlen
1 EL Kakaopulver

Außerdem:

Fett für die Form
Puderzucker zum Bestäuben

Zubereitung:

1. Die Schokolade fein hacken und im Wasserbad schmelzen. Die Eier trennen und die Eiweiße mit den Quirlen des Handrührgerätes steif schlagen. Den Backofen auf 180 °C (Umluft 160 °C) vorheizen.

2. Die Eigelbe, das Olivenöl und den Zucker mit den Quirlen des Handrührgerätes ca. 2 Minuten auf höchster Stufe verrühren. Das gesiebte Mehl, das Backpulver, die Mandeln und das Kakaopulver mischen und unterrühren.

3. Die geschmolzene Schokolade esslöffelweise unter den Teig rühren. Den Eischnee vorsichtig unterheben.

4. Den Teig in die eingefettete Springform füllen und im Backofen ca. 25 Minuten backen. Den fertigen Kuchen mit Puderzucker bestäuben.

> **Tipp**
> Dazu passt ein Beerenpüree aus 300 g gemischten Beeren, die mit 100 g Puderzucker püriert und dann durch ein Sieb gestrichen werden.

Nuss-Brownies
mit Kirschen

Zutaten:

für eine recht-
eckige Backform
(30 × 20 cm) –
ca. 20 Stücke

100 g Nusskernmischung
200 g Zartbitterkuvertüre
1 Vanilleschote
100 g weiche Butter, z. B.
   Du darfst – Die leichte Butter
70 g Zucker

1 Prise Salz
3 Eier
150 g Schatten-
   morellen (Glas)
100 g Weizenmehl
1 ½ TL Backpulver

Außerdem:

Fett und Backpapier
   für die Form
100 g Kuvertüre

Zubereitung:

1. Die Nusskernmischung grob hacken. Die Kuvertüre fein hacken und im Wasserbad schmelzen. Die Vanilleschote der Länge nach halbieren und das Mark herauskratzen.

2. Die Butter, den Zucker, das Vanillemark und das Salz mit den Quirlen des Handrührgerätes schaumig rühren, bis sich der Zucker aufgelöst hat. Die Eier einzeln unterrühren. Den Backofen auf 175 °C (Umluft 155 °C) vorheizen.

3. Die flüssige, sehr warme Kuvertüre unter die Eiermasse rühren. Die Schattenmorellen abtropfen lassen und mit Küchenpapier trocken tupfen. Schattenmorellen und ²⁄₃ der gehackten Nusskerne unterheben. Das Mehl sieben, mit dem Backpulver mischen und ebenfalls unterheben.

4. Den Teig in die gefettete und mit Backpapier ausgelegte Backform oder in eine flache Auflaufform füllen.

5. Den Kuchen im Backofen ca. 30 Minuten backen. Etwas abkühlen lassen, dann auf ein Kuchengitter stürzen und auskühlen lassen.

6. Die Kuvertüre im Wasserbad schmelzen und auf dem ausgekühlten Kuchen verteilen. Die Glasur etwas abkühlen lassen. Den Kuchen in ca. 20 Würfel schneiden und mit den restlichen Nusskernen bestreuen.

Queen of Sheba Cake
(Schokoladenkuchen)

Zutaten:

für eine Springform
(ø 22 cm) –
ca. 12 Stücke

125 g dunkle Schokolade
2 cl Rum
2 EL gebrühter Kaffee
120 g weiche Butter
120 g Zucker
1 Prise Salz

4 Eier
60 g Weizenmehl
1 TL Backpulver
80 g Mandeln, gemahlen
Puderzucker zum Bestäuben

Zubereitung:

1. Den Backofen auf 160 °C (Umluft 140 °C) vorheizen.

2. Die Schokolade grob hacken und im Wasserbad schmelzen. Den Rum und den Kaffee einrühren.

3. Die Butter mit dem Zucker und dem Salz cremig rühren, bis sich die Zuckerkristalle aufgelöst haben. Die Schokolade unterrühren.

4. Die Eier trennen, das Mehl mit dem Backpulver und den Mandeln mischen und mit den Eigelben unter die Buttermasse heben. Das Eiweiß mit dem Salz steif schlagen und unter den Teig heben.

5. Den Teig in die mit Backpapier ausgekleidete Springform geben, glatt streichen und im Backofen 40 – 45 Minuten backen (Stäbchenprobe machen). Den fertigen Kuchen im ausgeschalteten Ofen 10 Minuten ruhen lassen, aus der Form lösen und vollständig erkalten lassen.

6. Mit Puderzucker bestäuben.

Tipp

Bei der *Queen of Sheba* handelt es sich um die Königin von Saba, einer Figur aus dem Alten Testament. Angeblich stammte sie aus dem Gebiet des heutigen Äthiopiens und soll dem weisen König Salomon in Jerusalem einen Besuch abgestattet und ihn dabei mit viel Gold, Gewürzen und Edelsteinen beschenkt haben.

Chocolate Fudge Cake
Schokoladenkuchen mit Nüssen

Zutaten:

für einen
Backrahmen
(15 × 30 cm) –
ca. 12 Stücke

100 g Zartbitterschokolade
2 EL Orangenlikör
4 Eier
1 Prise Salz
125 g Zucker
125 g weiche Butter
2 EL Ahornsirup
100 g Haselnüsse, gemahlen
50 g Weizenmehl
35 g Kokosraspel
100 g Haselnüsse, grob gehackt

Für das Fudge:

400 g Zucker
150 g Vollmilchkuvertüre,
   grob gehackt
235 ml Milch
60 g weiche Butter
Vanilleextrakt

Außerdem:

Fett und Mehl für die Form

Zubereitung:

1. Den Backofen auf 180 °C (Umluft 160 °C) vorheizen.

2. Die Schokolade hacken und mit Likör im Wasserbad schmelzen. Die Eier trennen. Die Eiweiße mit dem Salz steif schlagen, 35 g Zucker einrieseln lassen und weiterschlagen, bis es schnittfest ist.

3. Die Butter mit dem restlichen Zucker cremig rühren. Die Eigelbe mit Ahornsirup und Schokolade verrühren und den Eischnee, die gemahlenen Haselnüsse, das Mehl und die Kokosraspel unterheben.

4. Den Backrahmen auf ein vorbereitetes Backblech mit Backpapier stellen. Den Rand einfetten und mit Mehl ausstreuen.

5. Die Nüsse unter den Teig heben. Den Teig einfüllen und im Backofen auf der unteren Schiebeleiste ca. 50 Minuten backen, nach ca. 35 Minuten mit Alufolie abdecken. Herausnehmen und auf einem Kuchengitter auskühlen lassen.

6. Für das Fudge den Zucker, die grob gehackte Kuvertüre und die Milch in einen Topf geben, gut vermischen und unter ständigem Rühren erhitzen, bis die Kuvertüre geschmolzen ist. Den Topf vom Herd nehmen, die Masse abkühlen lassen und die Butter sowie das Vanilleextrakt unterrühren. So lange mit einem Holzlöffel schlagen, bis das Fudge nicht mehr glänzt. Auf den Kuchen geben, glatt streichen und erkalten lassen.

Schokoladenkuchen
mit gehackten Nüssen

Zutaten:

für eine Kastenform (30 cm) –
ca. 15 Stücke

100 g dunkle Schokolade	1 Msp. Nelken, gemahlen
7 Eier	1 Prise Salz
120 g Zucker	
180 g weiche Butter	*Außerdem:*
350 g Weizenmehl	80 g Haselnüsse
2 EL Kakaopulver	Fett und Mehl für die
1 EL Zimt, gemahlen	Form

Zubereitung:

1. Den Backofen auf 180 °C (Umluft 160 °C) vorheizen.

2. Die Kastenform einfetten und mit Mehl ausstreuen. Die Schokolade grob hacken und im Wasserbad schmelzen, etwas abkühlen lassen.

3. Die Eier trennen. Die Eigelbe mit dem Zucker schaumig schlagen und nacheinander die Butter, das Mehl, das Kakaopulver, die Schokolade, Zimt und Nelken unter die Eigelbmasse rühren. Die Eiweiße mit dem Salz steif schlagen und vorsichtig unter die Eigelbmasse heben.

4. Den Teig in die vorbereitete Kastenform einfüllen und glatt streichen. 45 – 60 Minuten im Backofen goldbraun backen (Stäbchenprobe machen). Den Kuchen kurz in der Form abkühlen lassen, vorsichtig aus der Form stürzen und auf einem Kuchengitter vollständig auskühlen lassen.

5. Die Nüsse grob hacken und in einer heißen Pfanne ohne Fett leicht rösten. Herausnehmen, abkühlen lassen und mittig auf dem Kuchen verteilen. Den Kuchen in Scheiben geschnitten servieren.

Zucchini-Schoko-Kuchen

Zutaten:

für eine Kasten-
form (30 cm) –
ca. 15 Stücke

1 mittlere Zucchini
200 g weiche Butter
200 g Zucker
1 Prise Salz
4 Eier
100 g Haselnüsse,
    gemahlen

300 g Weizenmehl
80 g Schokoladenraspel
1 ½ EL Backpulver
100 – 120 ml Milch

Außerdem:

Butter und Mehl für die Form

Zubereitung:

1. Den Backofen auf 180 °C (Umluft 160 °C) vorheizen. Die Kastenform mit Butter einfetten und mit Mehl ausstreuen.

2. Die Zucchini waschen, putzen und fein raspeln. Die Butter mit dem Zucker und dem Salz schaumig schlagen und die Eier nach und nach unterheben. Das Mehl mit den Nüssen, der Schokolade und dem Backpulver mischen und abwechselnd mit der Milch unter die Butter-Ei-Masse rühren. Zum Schluss die Zucchiniraspel unterheben und den Teig in die vorbereitete Form füllen.

3. Den Teig glattstreichen und im Backofen 45 – 55 Minuten auf der mittleren Schiebeleiste goldbraun backen. Den fertigen Kuchen aus dem Ofen nehmen und etwas abkühlen lassen. Dann den Kuchen stürzen, vollständig erkalten lassen und in Scheiben geschnitten servieren. Nach Belieben geschlagene Sahne dazureichen.

Rührkuchen
mit weißer Schokolade

Zutaten:

für eine Springform
(ø 26 cm) –
ca. 12 Stücke

150 g weiße Schokolade
180 g weiche Butter
150 g Zucker
1 Prise Salz
3 Eier
1 Zitrone, unbehandelt
360 g Weizenmehl

1 EL Backpulver
60 – 80 ml Milch

Außerdem:

300 g frische Erdbeeren
Puderzucker zum Bestäuben

Zubereitung:

1. Den Backofen auf 180 °C (Umluft
   160 °C) vorheizen.

2. 80 g Schokolade grob hacken und im
   Wasserbad schmelzen. Die Butter mit
   dem Zucker und dem Salz cremig
   schlagen und die Eier nach und nach
   unterheben.

3. Die Schale der Zitrone abreiben. Das
   Mehl mit dem Backpulver und der
   Zitronenschale mischen und mit der
   Milch abwechselnd unter die Buttermasse heben. Zum Schluss die leicht
   abgekühlte Schokolade unterziehen
   und den Teig in die mit Backpapier
   ausgelegte Springform füllen.

4. Den Teig glatt verstreichen und im
   Backofen 45 – 50 Minuten backen
   (Stäbchenprobe machen). Den fertigen Kuchen aus dem Ofen nehmen,
   abkühlen lassen, aus der Form lösen
   und auf einem Kuchengitter vollständig erkalten lassen.

5. Zwischenzeitlich die Erdbeeren waschen. Die restliche Schokolade ebenfalls schmelzen und die Erdbeeren
   zur Hälfte eintauchen. Auf Backpapier

trocknen lassen. Den Kuchen mit Puderzucker bestäuben und in Stücke geschnitten mit den Erdbeeren servieren.

Nugat-Grieß-Kuchen
mit Apfelraspeln

Zutaten:

für eine Kastenform (30 cm) –
ca. 15 Stücke

250 g weiche Butter
200 g Zucker
4 Eier
1 EL Vanillezucker
1 Prise Salz
200 g Weichweizengrieß,
  z. B. von *Goldpuder*
50 ml Milch

½ Päckchen Backpulver
150 g säuerliche Äpfel
150 g Haselnüsse, gehackt
100 g Nugat

Zum Verzieren:

100 g Vollmilchkuvertüre

Zubereitung:

1. Den Backofen auf 200 °C (Umluft 180 °C) vorheizen.

2. Die Butter, den Zucker und die Eier schaumig rühren. Den Vanillezucker, das Salz, den Grieß, die Milch und das Backpulver unterrühren.

3. Die Äpfel schälen, das Kerngehäuse entfernen, das Fruchtfleisch raspeln, abtropfen lassen und mit 100 g Haselnüssen unter den Teig rühren.

4. Den Nugat ebenfalls fein würfeln und unter den Teig heben. Die Kastenform mit Backpapier oder Alufolie auslegen, den Teig einfüllen und im Backofen ca. 1 Stunde backen.

5. Den Kuchen auskühlen lassen und stürzen. Die Kuvertüre im Wasserbad schmelzen. Den Kuchen damit verzieren und mit den restlichen Haselnüssen bestreuen.

Nugat-Kuchen
mit Zimt

Zutaten:

für eine Kastenform (25 cm) –
ca. 12 Stücke

Für den Teig:

200 g Nussnugat
200 g weiche Butter
2 Päckchen Vanillezucker
3 – 4 TL Zimt, gemahlen
3 Eier
250 g Weizenmehl
2 TL Backpulver
4 – 5 EL Milch

Zum Verzieren:

2 EL Aprikosen-Fruchtaufstrich,
    z. B. von *Du darfst*
40 g Marzipanrohmasse
20 g Puderzucker

Außerdem:

Fett für die Form

Zubereitung:

1. Den Nussnugat in Stücke schneiden und leicht erwärmen. Die Butter
in einer Schüssel cremig rühren. Nach und nach Vanillezucker, Zimt,
Eier und Nussnugat unterrühren. Den Backofen auf 175 °C (Umluft
155 °C) vorheizen.

2. Das Mehl mit dem Backpulver mischen und sieben. Abwechselnd mit
der Milch unter die Butter-Nugat-Masse rühren. Den Teig in die eingefettete Kastenform füllen.

3. Den Kuchen im Backofen 40 – 50 Minuten backen. In den letzten
15 – 20 Minuten eventuell mit Alufolie abdecken.

4. Den Kuchen 10 Minuten in der Form abkühlen lassen. Dann auf ein
Kuchengitter stürzen und ganz auskühlen lassen. Den Kuchen mit dem
Fruchtaufstrich bepinseln.

5. Die Marzipanrohmasse mit dem Puderzucker verkneten. Zwischen
Frischhaltefolie ausrollen, Blätter ausstechen und mit einem Messerrücken einkerben.

6. Die Marzipanreste zusammenkneten und eine Kordel daraus formen.
Den Kuchen mit den Marzipanblättern und der Kordel als Zweig verzieren.

Mini-Glühwein-kuchen

Zutaten:

für eine 6er-Mini-Gugelhupfform

125 ml Rotwein
1 Zimtstange, z. B. von Ostmann
4 Nelken, ganz
je 1 Stück Zitronen- und Orangenschale, unbehandelt
220 g Zucker
250 g weiche Butter
5 Eier

1 Prise Zimt, gemahlen
100 g Zartbitterschokolade, gerieben
250 g Weizenmehl

Außerdem:

1 TL Backpulver
Fett für die Formen
Puderzucker zum Bestäuben

Zubereitung:

1. Den Rotwein mit der Zimtstange, den Nelken, der Zitronen- und Orangenschale sowie 1 EL Zucker leicht erhitzen, zum Abkühlen beiseitestellen.

2. Die Butter mit der Hälfte des Zuckers schaumig schlagen.

3. Den Backofen auf 175 °C (Umluft 155 °C) vorheizen.

4. Die Eier trennen. Die Eigelbe, den Zimt, die Schokolade und den Glühwein unterrühren.

5. Die Eiweiße steif schlagen, den restlichen Zucker einrieseln lassen, auf die Butter-Glühweinmischung geben.

6. Das Mehl und das Backpulver darübersieben, mit einem Schneebesen locker vermengen und die eingefettete Mini-Gugelhupfform zu zwei Dritteln mit dem Teig füllen.

7. Im Backofen ca. 25 Minuten backen.

8. Die Kuchen ca. 5 Minuten abkühlen lassen, aus den Formen lösen und mit Puderzucker bestäuben.

9. Mit Zwetschenkompott und nach Belieben mit Zimtsahne garniert servieren.

Eierlikörkuchen

Zutaten:

für eine Gugelhupf-
form (ø 22 cm) –
ca. 16 Stücke

150 g Margarine
175 g Zucker
2 TL Vanillezucker, z. B. von *Ostmann*
2 Eier
150 g Weizenmehl
100 g Speisestärke
1 Päckchen Backpulver
½ TL Natron

100 g Naturjoghurt (1,5 % Fett)
250 ml Eierlikör
2 Eiweiß
1 Prise Salz

Außerdem:

Fett für die Form
Puderzucker zum Bestäuben

Zubereitung:

1. Den Backofen auf 175 °C (Umluft 155° C) vorheizen.

2. Die Margarine, den Zucker, den Vanillezucker,
das Salz und die Eier schaumig rühren.

3. Das Mehl mit der Stärke, dem Backpulver
und dem Natron mischen und abwechselnd
mit dem Joghurt und dem Eierlikör unter die
Masse rühren.

4. Das Eiweiß steif schlagen und unter den Teig
heben.

5. Den Teig in die eingefettete Gugelhupfform
füllen und ca. 50 Minuten backen.

6. Den Kuchen ca. 10 Minuten in der Form auskühlen lassen, dann vorsichtig stürzen.

7. Nach dem vollständigen Auskühlen
mit Puderzucker bestäuben.

Whiskykuchen

Zutaten:

für eine Kasten-
form (25 cm) –
ca. 12 Stücke

150 g Rosinen
100 g Backpflaumen
250 ml Whisky
180 g weiche Butter
100 g brauner Zucker
1 Prise Salz
4 Eier
80 g flüssiger Honig
360 g Weizenmehl
½ TL Zimt, gemahlen

1 Prise Piment, gemahlen
1 Prise Nelken, gemahlen
1 EL Backpulver
1 TL Orangenschale
4 EL Milch

Außerdem:

Fett für die Form
6 EL Aprikosenkonfitüre

Zubereitung:

1. Die Rosinen und die Pflaumen in dem Whisky einweichen. Den Backofen auf 180 °C (Umluft 160 °C) vorheizen und die Kastenform einfetten.

2. Die Butter cremig schlagen und den Zucker mit dem Salz nach und
nach einrieseln lassen. Die Eier und den Honig unterrühren. Das Mehl
mit den Gewürzen, dem Backpulver und der Orangenschale mischen.
Die Pflaumen und die Rosinen abgießen, den Whisky auffangen und
die Pflaumen klein schneiden. Die Mehlmischung mit 80 ml Whisky
und der Milch abwechselnd unter den Teig rühren und zum Schluss
die Früchte unterheben.

3. Den Teig in die vorbereitete Form füllen, glatt verstreichen und im
Backofen 45 – 50 Minuten backen (Stäbchenprobe machen). Den
Kuchen rechtzeitig mit Alufolie abdecken.

4. Den fertig gebackenen Kuchen aus dem Ofen nehmen, abkühlen lassen, vorsichtig aus der Form stürzen und vollständig auskühlen lassen. Die Konfitüre erwärmen und die Kuchenoberfläche damit bestreichen. Den Kuchen trocknen lassen und in Scheiben geschnitten
servieren.

Glühwein-Schoko-Kuchen

Zutaten:

für eine Kastenform (30 cm) –
ca. 15 Stücke

100 g dunkle Schokolade
200 g weiche Butter
180 g Zucker
4 Eier
300 g Weizenmehl
40 g Kakao
100 g Mandeln, gemahlen

1 Päckchen Backpulver
120 – 140 ml Glühwein

Außerdem:

Fett und Mehl für die Form
Puderzucker zum Bestäuben

Zubereitung:

1. Den Backofen auf 180 °C (Umluft 160 °C) vorheizen.

2. Die Schokolade grob hacken und im Wasserbad schmelzen, leicht abkühlen lassen.

3. Die Butter cremig schlagen und den Zucker nach und nach dazugeben. Die Eier einzeln unterrühren. Das Mehl mit dem Kakao, den Mandeln und dem Backpulver mischen und mit dem Glühwein abwechselnd unter die Butter-Ei-Mischung rühren. Die Schokolade zum Schluss untermischen und den Teig in die eingefettete und mit Mehl ausgestreute Kastenform füllen.

4. Den Teig glatt streichen und im Backofen 50 – 60 Minuten backen (Stäbchenprobe machen). Den fertig gebackenen Kuchen aus dem Ofen nehmen, abkühlen lassen, vorsichtig aus der Form stürzen und auf einem Kuchengitter vollständig erkalten lassen. Mit Puderzucker bestäubt und in Stücke geschnitten servieren.

Sherrykuchen
mit Weintrauben

Zutaten:

für eine Gugelhupf-
form (ø 26 cm) –
ca. 16 Stücke

250 g weiche Butter
225 g Zucker
1 Prise Salz
4 Eier
1 TL abgeriebene
   Zitronenschale
500 g Weizenmehl

1 Päckchen Backpulver
120 ml Milch

Außerdem:

125 ml Sherry
125 ml weißer Traubensaft
400 g kernlose Trauben

Fett und Mehl für die Form

Für den Weinschaum:

2 Eigelb
1 EL Zitronensaft
1 TL Rohrzucker
6 EL Weißwein, trocken

Zubereitung:

1. Die Butter mit dem Zucker und dem Salz schaumig rühren. Die Eier dazugeben und mit der Zitronenschale unterrühren. Das Mehl mit dem
Backpulver mischen und abwechselnd mit der
Milch in die Buttermasse rühren. Alles zu einem
glatten Teig verarbeiten und in die eingefettete
und mit Semmelbröseln ausgestreute Gugelhupfform geben.

2. Den Teig glatt streichen und bei 180 °C (Umluft
160 °C) 45 – 50 Minuten backen. Den fertigen
Kuchen aus dem Ofen nehmen, kurz ruhen lassen, vorsichtig stürzen und auf einem Kuchengitter vollständig erkalten lassen.

3. Den Sherry mit dem Traubensaft erhitzen, den
Kuchen damit tränken. Die Weintrauben waschen,
häuten und in die Mitte des Kuchens geben.

4. Für den Weinschaum die Eigelbe
mit dem Zitronensaft und dem Zucker in einer Metallschüssel verrühren und im Wasserbad mit den
Quirlen des Handrührgerätes 5 –
10 Minuten schaumig schlagen. Den
Wein angießen und weiterschlagen,
bis luftiger Schaum entsteht. Den
Weinschaum über den Trauben verteilen und den Kuchen servieren.

> **Tipp**
>
> Zur Herstellung der gezuckerten
> Weintrauben schlägt man frisches
> Eiweiß kurz auf, taucht die Trau-
> ben hinein und bestreut sie dann
> mit Zucker.

Rotweinkuchen
mit Zuckerguss

Zutaten:

für eine Kasten-
form (30 cm) –
ca. 15 Stücke

200 g weiche Butter
200 g Zucker
1 Prise Salz
4 Eier
450 g Weizenmehl
1 Päckchen Backpulver
2 EL Kakaopulver
120 – 140 ml Rotwein, trocken

100 g dunkle Schokoladenraspel

Für den Guss:

150 g Puderzucker
2 – 3 EL Milch

Außerdem:

Fett und Mehl für die Form

Zubereitung:

1. Den Backofen auf 180 °C (Umluft 160 °C) vorheizen. Die Kastenform einfetten und mit Mehl ausstreuen.

2. Die Butter mit den Rührbesen des Handrührgerätes cremig rühren. Dabei den Zucker und das Salz einrieseln lassen und so lange weiterschlagen, bis sich der Zucker aufgelöst hat. Die Eier einzeln unterrühren, das Mehl mit dem Backpulver und dem Kakao mischen und abwechselnd mit dem Rotwein unterrühren. Zum Schluss die Schokoladenraspel unterheben und den Teig in die vorbereitete Form füllen.

3. Den Teig glatt verstreichen und im Backofen 50 – 60 Minuten backen (Stäbchenprobe machen).

4. Zwischenzeitlich für den Guss den Puderzucker mit der Milch verrühren. Den fertig gebackenen Kuchen aus dem Ofen nehmen, abkühlen lassen, vorsichtig aus der Form stürzen und auf einem Kuchengitter vollständig erkalten lassen. Mit dem Guss bestreichen, trocknen lassen und in Scheiben geschnitten servieren.

Ruck-Zuck-Caipirinhakuchen

Zutaten:

für eine Gugelhupf-
form (ø 18 cm) –
ca. 10 Stücke

2 Limetten, unbehandelt
1 Packung Backmischung,
   z. B. *Aurora la finesse*
   Backmischung Zitronen-
   Limettenkuchen
   (mit Glasur)
3 Eier

150 g weiche Butter
80 ml Milch

Außerdem:

Butter und Mehl für die Form
2 EL Zuckerrohrschnaps
1 EL brauner Zucker zum Bestreuen

Zubereitung:

1. Den Backofen auf 180 °C (Umluft 160 °C) vorheizen.

2. Die Limetten heiß waschen und abtrocknen. Mit einer feinen Küchenreibe die Schale abreiben und zur Seite stellen.

3. Die Backmischung in eine Rührschüssel geben. Die Eier, die Butter, die Milch und die Hälfte der Limettenschale dazugeben und mit den Quirlen des Handrührgerätes zu einer glatten Masse verrühren.

4. Den Teig in die eingefettete und mit Mehl ausgestäubte Backform füllen und im Backofen 50 – 60 Minuten auf der mittleren Schiebeleiste backen. Nach dem Backen den Kuchen aus dem Ofen nehmen und ca. 10 Minuten abkühlen lassen. Den Kuchen auf ein Kuchengitter stürzen und vollständig auskühlen lassen.

5. Für den Guss die Glasur von der Backmischung mit dem Zuckerrohrschnaps und der restlichen Limettenschale glatt rühren. Auf dem Kuchen verteilen und mit dem braunen Zucker bestreuen.

Tipp

Noch spritziger schmeckt der Kuchen, wenn Sie im Teig einen Teil der Milch durch Zuckerrohrschnaps ersetzen.

Eierlikörkuchen
mit Schokotröpfchen

Zutaten:

für eine Kasten-
form (20 cm) –
ca. 12 Stücke

200 g Weizenmehl
50 g Speisestärke
½ Päckchen Backpulver
125 g weiche Butter, z. B. *Du*
  darfst – Die leichte Butter
100 g Zucker
2 Eier

50 ml Mineralwasser
  mit Kohlensäure
100 ml Eierlikör
75 g Schokotröpfchen

Außerdem:

Fett für die Form

Zubereitung:

1. Das Mehl, die Speisestärke und das Backpulver miteinander vermischen und sieben. Den Backofen auf 175 °C (Umluft 155 °C) vorheizen.

2. Die Butter und den Zucker mit den Quirlen des Handrührgerätes cremig rühren, bis der Zucker sich aufgelöst hat. Die Eier nacheinander untermischen und die Masse schaumig rühren.

3. Das Mineralwasser mit dem Eierlikör mischen. Abwechselnd mit der Mehl-mischung zur Ei-Butter-Masse geben und alles gut verrühren. Die Schoko-tröpfchen untermischen.

4. Den Teig in die gefettete Kastenform füllen und glatt streichen. Im Backofen auf der mittleren Schiebeleiste ca. 1 Stunde backen.

5. Den fertigen Kuchen aus dem Back-ofen nehmen und 5 Minuten stehen lassen. Den Kuchen aus der Form stürzen und auskühlen lassen.

> **Tipp**
> Durch das Mineralwasser wird der Eier-likörkuchen besonders locker. Man kann es auch durch 100 ml Milch ersetzen.

Schneemannkuchen für Kinder

Zutaten:

für eine Schnee-
mannbackform
(28,5 × 18 × 4 cm) –
ca. 12 Stücke

125 g weiche Butter
125 g Zucker
1 Msp. Salz
abgeriebene Schale
  von ½ Zitrone,
  unbehandelt
2 Eier
250 g Weizenmehl
1 TL Backpulver
80 g Kokosraspel
100 ml Milch

Für die Füllung:

250 ml Kokosmilch

½ Päckchen Sahne-
  Puddingpulver
20 g Zucker
200 g weiche Butter
70 g Puderzucker

Zum Tränken:

8 cl Kokossirup

Zum Bestreichen:

50 g Aprikosen-
  konfitüre

Zum Dekorieren:

100 g Kokosraspel

Bunte Drops
Gummidrops
rote Erdbeer-Frucht-
  gummischnur und
  -streifen
Lakritzstangen
Fruchtgummis
  in Blattform
Schokoladenplätzchen

Außerdem:

Butter und Brösel
  für die Form

Zubereitung:

1. Den Backofen auf 200 °C (Umluft 180 °C) vorheizen. Für den Teig die Butter mit dem Zucker,
   dem Salz und der Zitronenschale schaumig
   rühren, nach und nach die Eier unterrühren.
   Das Mehl sieben, mit dem Backpulver und den
   Kokosraspeln mischen und abwechselnd mit
   der Milch unter den Teig rühren.

2. Eine Schneemannbackform (28,5 × 18 × 4 cm, ca.
   1,5 l Inhalt) mit Butter einfetten und mit Bröseln
   ausstreuen. Den Teig einfüllen und glatt streichen.

3. Im Backofen ca. 40 Minuten backen (Stäbchenprobe machen). In der Form ca. 10 Minuten abkühlen lassen, dann auf ein Kuchengitter stürzen und über Nacht auskühlen lassen.
   Anschließend einmal waagerecht halbieren.

4. Für die Füllung 4 EL Kokosmilch in eine Tasse
   geben, darin das Puddingpulver anrühren. Die
   restliche Kokosmilch mit dem Zucker aufkochen,
   das angerührte Puddingpulver einrühren und
   einige Male unter Rühren aufwallen lassen.
   Vom Herd nehmen, leicht mit etwas Puderzucker bestäuben und abkühlen lassen. Den Pud-
   ding dann durch ein Sieb streichen. Die Butter
   mit dem Puderzucker schaumig rühren, porti-
   onsweise den Kokospudding unterrühren.

5. Die untere Kuchenfläche auf eine Tortenplatte
   legen, gleichmäßig mit Kokossirup tränken,
   dann die Puddingcreme daraufstreichen. Die
   obere Kuchenfläche des Schneemanns darauf-
   setzen und etwas andrücken. Den gefüllten Kuchen 2–3 Stunden in den Kühlschrank stellen.

6. Die Marmelade in einem kleinen Topf leicht erwärmen und durch ein Sieb streichen. Den
   Schneemann damit ringsum überziehen, dann
   dick mit Kokosraspeln bestreuen. Nun den
   Schneemann auf einer geeigneten Unterlage
   platzieren und verzieren: mit den Drops

Augen, Nase und Knöpfe gestalten, den Mund aus einem Stück Erdbeerschnur formen, den Erdbeer-Fruchtgummistreifen an den Rändern einschneiden und dem Schneemann als Schal umlegen. Die Lakritzstangen als Arme in den Kuchen stecken. Zur Verzierung der Unterlage diese im unteren Bereich mit Kokosraspeln bestreuen. Darauf aus Lakritzstangen und Fruchtgummidrops in Blattform zwei Bäumchen legen. Aus Schokoladenplätzchen einige Schneekristalle formen.

Tipp

Wenn keine spezielle Schneemannbackform verfügbar ist, können Sie mithilfe eines verstellbaren runden Backrahmens zwei Kreise (ø ca. 12 cm und 17 cm) backen, diese am Rand etwas beschneiden und dann auf der Tortenplatte zusammensetzen.

Spinatkuchen

Zutaten:

für eine Kasten-
form (25 cm) –
ca. 12 Stücke

1 kg frischer Blattspinat
Salz
1 Schalotte
1 EL Olivenöl
Pfeffer, frisch gemahlen
Muskat, frisch gerieben

3 Eier
200 g Weizenmehl
1 TL Backpulver
ca. 150 ml Milch
100 g Greyerzer, frisch gerieben
1 TL mittelscharfer Senf

Zubereitung:

1. Den Spinat waschen, putzen, verlesen und in kochendem Salzwasser blanchieren. Abgießen, abschrecken, ausdrücken und sehr fein hacken.

2. Die Schalotte abziehen, fein würfeln und im heißen Olivenöl glasig dünsten. Den Spinat zugeben, kurz mitschwitzen und mit Salz, Pfeffer und Muskat abschmecken.

3. Den Backofen auf 180 °C (Umluft 160 °C) vorheizen. Die Eier trennen und die Eigelbe mit dem Mehl, dem Backpulver und der Milch zu einem glatten Teig verrühren. Die Eiweiße mit einer Prise Salz zu einem steifen Schnee schlagen. Den Käse unter die Eigelbmasse heben und Eischnee vorsichtig unterziehen.

4. Die Kastenform einfetten und mit Backpapier auslegen. Den Spinat mit 1 TL Senf vermengen und unter den Teig heben. Den Teig in die Kastenform füllen und im Backofen ca. 45 Minuten backen. Den Kuchen 5 Minuten in der Form stehen lassen, mit Hilfe des Backpapiers herausheben und in Scheiben geschnitten, warm oder kalt servieren.

Pikanter Kastenkuchen
mit Paprika und Feta

Zutaten:

für eine Kasten-
form (25 cm) –
ca. 12 Stücke

250 g Weizenmehl
6 Eier
50 ml Olivenöl
200 – 250 ml Milch
1 Päckchen Backpulver
½ TL Salz
100 g Fetakäse
100 g schwarze, entsteinte Oliven

50 g in Öl eingelegte Tomaten,
 getrocknet
200 g Paprikaschoten, grün und rot
4 – 5 Sardellenfilets, in Salz eingelegt

Außerdem:

Öl für die Form
Kräuter zum Garnieren

Zubereitung:

1. Den Backofen auf 180 °C (Umluft
   160 °C) vorheizen.

2. Das Mehl mit den Eiern, dem Olivenöl,
   der Milch, dem Backpulver und dem
   Salz mischen und zu einem geschmei-
   digen Teig verrühren. Den Feta würfeln
   und unter den Teig mischen. Die Oliven und Tomaten abtropfen lassen, die
   Tomaten in Streifen und die Oliven in
   Scheiben schneiden. Die Paprika waschen, putzen, halbieren und in Streifen schneiden. Mit den Oliven unter
   den Teig heben. Die Sardellenfilets ab-
   spülen, trocken tupfen und in kleine
   Stücke schneiden, dann unterheben.

3. Die Kastenform mit Öl auspinseln, den
   Teig hineingeben und glatt streichen.
   Im Backofen ca. 50 Minuten backen.
   Herausnehmen, etwas abkühlen lassen, auf ein Gitter stürzen und auskühlen lassen. Mit frischen Kräutern garniert servieren.

Register

© 2012 design cat GmbH

Genehmigte Lizenzausgabe
EDITION XXL GmbH
Fränkisch-Crumbach 2012
www.edition-xxl.de

Idee und Projektleitung:
Sonja Sammüller
Layout, Satz und Umschlaggestaltung:
design cat GmbH

ISBN (13) 978-3-89736-170-6
ISBN (10) 3-89736-170-1

Bildnachweis
Wir danken folgenden Firmen für ihre freundliche Unterstützung:

Aurora 22, 28–29, 44–45, 74

The Food Professionals Köhnen AG,
Sprockhövel
– Goldpuder 50–51, 62–63
– Kaltenburger 43

Ostmann 66, 67

Unilever Deutschland GmbH, Hamburg
– Bertolli 52–53
– Du darfst 54, 64–65, 75
– Mondamin 24-25
– Rama 21
– Sanella 40

picture-alliance: StockFood/Bischof, Harry 33, 71; StockFood/Boyer, Jean-Paul 78; StockFood/Cato-Symonds, Shaun 61; StockFood/Elms, Greg 49; StockFood/Finley, Marc O. 17, 20; StockFood/Foodpicto 15; StockFood/Fotos mit Geschmack 17; StockFood/Kia Nu 42; StockFood/King, Dave 37; StockFood/Kirchherr, Jo 46, 73; StockFood/Lanneretonne, Anthony 79; StockFood/Moretto, Alberto 19; StockFood/Morris, Robert 69; StockFood/Newedel, Karl 39; StockFood/Paul, Michael 55, 57; StockFood/Polatynska, Beate 30;

StockFood/Rees, Peter 53; StockFood/Schmaltz, Joanne 77; StockFood/Studio Schiermann 72; StockFood/Teubner Foodfoto GmbH 60; StockFood/Thelma & Louise 59; StockFood/Timmann, Claudia 41; StockFood/Vogt, Sebastian 23; StockFood/Z.Sandmann/Teubner 16, 17; StockFood/Zouev, Tanya 27, 31, 35

Shutterstock: Africa Studio 8/Alexkava 25, 27, 29–31, 66, 67, 69, 71–75/Artistic Endeavor 9/blackman 13, 33–35, 37, 39–41, 46–49, 51, 53–55, 57, 59–61, 63, 65–67, 69, 71–75, 78–79/bernashafo 14/casejustin 2–12, 14–16, 18, 20–24, 26, 28, 30–32, 34–36, 38, 40–44, 46–50, 52, 54–56, 58, 60–62, 64, 66–68, 70, 72–76, 78–80/ chyworks 2–13, 15–20, 22–80/Danny E Hooks 10/Darren Brode 9/DUSAN ZIDAR 7/ Edward Hardam 8/Joerg Beuge 7/kavring 5/ Konyaeva 13, 17, 19, 25, 27, 29, 33, 37, 39, 45, 51–53, 57, 59, 63, 65, 69, 71/lineartestpilot 77/ Piotr Malczyk 6/ RoJo Images 14/sevenke 9/ ShibaE 13, 17, 19, 20–23, 25, 27, 29–31, 33–35, 37, 39–43, 45–49, 51, 53–55, 57, 59–61, 63, 65–67, 69, 71–75, 77–79/Simone van den Berg 4/Usynina 5/Viktor1 2/wavebreakmedia 3/ ykononova 2–4, 6, 10, 11, 14, 16, 18, 20–24, 26, 28, 30–32, 34–36, 38, 40–44, 46–50, 52, 54–56, 58, 60–62, 64, 66–68, 70, 72–76, 78–80

Alle weiteren Fotos von design cat GmbH.